NIE
家庭支援論演習

松井 圭三・小倉 毅・今井 慶宗 編著

大学教育出版

はしがき

NIEという言葉をご存知でしょうか。NIEとは、Newspaper in Educationの略です。アルファベットの音通り　エヌ・アイ・イー　と読みます。教育機関（学校）で新聞を教材として活用することを意味します。日本でも多くの小・中・高等学校で実践されているほか、近年では大学・短期大学・専門学校でも広がりを見せています。

皆さんは新聞にどのような印象を持っていますか。新聞は難しいものと思っている人もいるかもしれません。若者の新聞離れが指摘されて久しいです。しかし、新聞の紙面には政治・経済だけではなく社会や文化、科学やエンターテイメントまであらゆる分野の記事が載っています。とても読みごたえのある楽しいものです。新聞をこれまであまり読んだことのない人は、新聞の形式に慣れることが第一歩です。新聞がどのような構成になっているかをつかみ、実際の新聞記事を使って学びましょう。

本書は、読者の皆さんに、読む力とともに書く力をつけていただきたいという願いから企画しました。一般の家庭支援論の教科書とはややタイプが異なります。新聞を活用したワークブックは他に類を見ません。私たちはこれまで『NIE 社会福祉記事ワークブック』『NIE 児童家庭福祉演習』を作りました。このワークブックはその第3弾です。新聞記事を読み、言葉を調べ、感想を書き、解説で学びを深めるという一連の流れをとっています。家庭支援論に関連する言葉や制度を調べたり記事を読んでの感想を書くなど、自分自身で課題に取り組んでいきましょう。

社会福祉士、介護福祉士、保育士などの国家資格を取得するときは、実習日誌の記入等多くの場面で文章を記入します。無事に資格を取得して仕事に就いた後もケース記録や連絡帳等で文章を書くことがたくさんあります。実習や仕事のほかにも、文章を読み解き、まとめ、自分の力で発信する力は社会のいろいろな場面において必要とされます。

「家庭支援論」は、家族の意義や役割、家族を取り巻く環境などについて学ぶ科目です。新聞記事を教材にわかりやすく学習でき、専門用語の学習、制度の学習、そして記事を読んでの感想を書くなど自主的に学ぶことができるのが「同演習」です。まずは、毎日、新聞を読んでみましょう！

また、各章はそれぞれの分野の専門の先生が、わかりやすく丁寧に展開しています。難しい言葉も段々と理解できるでしょう。みなさん、あせらず確実に取り組んでいきましょう。

大学教育出版の佐藤社長、編集の社さん、山陽新聞社読者局長の江草氏にいろいろとお世話になりました。この紙面を借りて感謝申し上げます。

2018（平成30）年4月

松井圭三・小倉毅・今井慶宗

このワークブックの利用方法（使い方）

このワークブックは概ね①新聞記事、②言葉を調べてみましょう、③記事を読んでの感想を書いてみましょう、④解説の構成になっています。

皆さんが教室で先生から指導を受けながら学ばれることもあるでしょう。自学自習される方もあるかもしれません。使い方はもちろん自由です。

ここでは、次のような利用方法で学習されると取り組みやすいのではないかと私たち編著者が考えたものをお示しします。ぜひ参考にしてみて下さい。

1　新聞記事をよく読みましょう。難しい言葉・知らない単語はそこに線を引っ張っておくとよいでしょう。新聞記事の読み方にも慣れましょう。

2　設問に沿って、言葉を調べてみましょう。調べる言葉はいくつかあります。教科書や辞典・インターネットで調べましょう。言葉同士の関連性にも注意しましょう。

3　記事を読んでの感想を書きましょう。記事を読んでの素直な気持ち、自分ならばどう取り組むか、考えたことなどを自由に書きましょう。

4　解説では、新聞記事の内容や関連することについてそれぞれの分野の専門の先生が分かりやすく説明しています。よく読んで理解しましょう。自分で調べてよく分からなかった言葉は、ここで学んで書き足しましょう。

どの章から始めても構いません。知っている分野があれば取り組みやすいでしょう。自分が気になる記事があればぜひそこから読んでみて下さい。手も動かしてしっかり書き込みましょう。

なお、記事によっては、記事内の個人名等を匿名表記としています。

目　次

はしがき……………………………………………………………………………………………… i

このワークブックの利用方法（使い方）……………………………………………………… ii

第 1 章　NIE と家庭支援 ………………………………………………………………………… 1

第 2 章　家庭の意義と機能……………………………………………………………………11

第 3 章　家庭支援の必要性……………………………………………………………………19

第 4 章　保育者が行う家庭支援の原理………………………………………………………29

第 5 章　現代の家庭における人間関係………………………………………………………39

第 6 章　地域社会の変容と家庭支援…………………………………………………………47

第 7 章　男女共同参画社会とワークライフバランス………………………………………57

第 8 章　子育て家庭の福祉を図るための社会資源…………………………………………65

第 9 章　子育て支援施策・次世代育成支援施策の推進……………………………………76

第 10 章　子育て支援サービスの概要Ⅰ ……………………………………………………86

第 11 章　保育所入所児童の家庭への支援 …………………………………………………95

第 12 章　地域の子育て家庭への支援 ……………………………………………………… 105

第 13 章　要保護児童およびその家庭に対する支援 ……………………………………… 113

第 14 章　子育て支援における関係機関との連携 ………………………………………… 125

第 15 章　子育て支援サービスの概要Ⅱ …………………………………………………… 133

第 16 章　多様な家族形態と子どもの育ち ………………………………………………… 142

第 17 章　結婚、家族の事例研究 …………………………………………………………… 153

第18章　家族の介護、子育て等の事例研究 …… 163

執筆者紹介 …… 173

第1章　NIE と家庭支援

記　事

生活切り詰め「子守る」

働くって

第2部　それぞれの苦悩　　4　ひとり親

まとわりつくような梅雨の蒸し暑さとなった6月下旬の夕方。保育園の迎えを終え、岡山県南のアパートに帰宅した村上敦子さん(27)＝仮名＝と長男(6)、長女(4)が扇風機の前でテレビのアニメ番組を楽しんでいた。

「節約のため、できるだけエアコンは使いません」。村上さんはそう言うと、子どもとの時間もそこそこに冷蔵庫の食材を眺めて夕飯作りに取り掛かった。

母子3人の生活を派遣社員の村上さんが支える。ひと月の収入は10万円余りの給料と元夫からの養育費、児童扶養手当が全てだ。家賃や光熱水費、子どもの保育料などを差し引いた残高でやりくりする。週末にまとめ買いする食材は安い物を厳選。衣服は子どもを優先し自分のはほとんど買わない。「正直厳しい」という生活が続く。

◇　◇

2010年、長男の妊娠を機に結婚した。正社員として勤めた会社を辞め、専業主婦に。長女が生まれた後、夫のドメスティックバイオレンス（DV）などが原因で13年に離婚した。新たに始めた仕事は、持病の腰痛が再発して退職した。

体調が落ち着き、職探しを始めたが、幼い子どもと腰痛を抱える身で選べる仕事は限られる。人材派遣会社に登録後、事務職での採用を希望した4社ほどから、書類段階で「経験がないから」と相次ぎ断られた。「誰にでも初めてはあるはずなのに…。今思えば母子家庭というだけで何らかのマイナスイメージを持たれたのかもしれない」

厚生労働省によると、村上さんのようなひとり親家庭は11年度調査時点で母子約124万世帯、父子約22万世帯。母子世帯は母親の就労による平均年収が約180万円と父子世帯の父親のほぼ半額で、経済事情の厳しさが際立っている。母親の方が非正規雇用の割合が高いことが要因とされる。

技術や資格を身に付ける講座や訓練の費用を補助する行政の就業支援事業はあるものの利用は限られる。岡山県内では16年度に実施した19市町で計90件にとどまった。自治体関係者からは「受講期間は仕事ができず、乳幼児がいれば預ける費用もかかる」「ただでさえ生活が苦しい中、一部でも自己負担が必要なことが足かせになっているのでは」といった声が聞かれる。

◇　◇

村上さんは今年1月、営業事務職で派遣先が決まった。今の法律では同じ事業所への継続派遣は最長3年。この間に、正社員になれなければ次の職場を探す必要があるが、年齢を重ねるほど正社員としての採用は難しくなる。

焦る気持ちはあっても、仕事と家事、育児に追われ就職に有利な資格を取るために割く時間はない。子どもが高校や大学に進むかもしれない将来へのせめてもの備えにと、4月から親子3人のそれぞれの銀行口座を新たに設け、給料から2千円ずつ振り替えられるようにした。「子どもの希望をかなえられる幅を少しでも広げておきたい」との思いからだ。

理想の仕事や働き方を尋ねても「難しい…」と言葉を詰まらせる村上さん。「生活のため、子どもを守るため。ただそれだけ」。複雑な思いをのみ込むかのように、働く理由を淡々と語った。

（三宅信行）

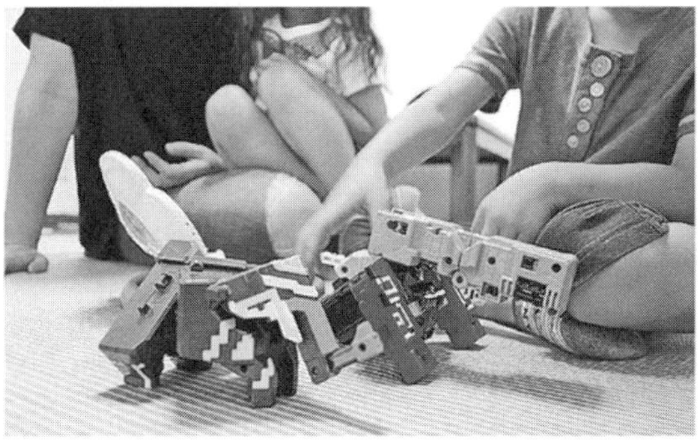

自宅でくつろぐ村上さん家族。母子3人で切り詰めた生活を続ける

ズーム　ひとり親家庭の就労実態

厚生労働省が2011年度に行った「全国母子世帯等調査」によると、父子世帯の91・3％、母子世帯の80・6％が就労しているが、働く母親では5割がパートやアルバイト、派遣社員など非正規雇用（父親は1割）だった。就労による平均年収は父子世帯の父親が360万円、母子世帯の母親が181万円。

出典：2017年8月6日山陽新聞朝刊

1．ひとり親家庭に関する特集記事です。記事を読んで、ひとり親家庭が抱える最大の問題は何だと思いますか。その理由も書いてみましょう。

2．記事を読んで、ひとり親家庭の親の就労支援には何が必要でしょうか。箇条書きしてみましょう。

3. ひとり親家庭の子どもたちへどのような支援が考えられますか。箇条書きしてみましょう。

4. 記事の中で、ひとり親家庭の経済状況の厳しさが指摘されています。「非正規雇用」の割合の高さが要因だと考えられています。非正規雇用について調べてみましょう。

5. 解　説

（1） 新聞を読むコツが分かれば理解が深まる

① 社会で起きるさまざまなニュースを新聞で読むことができます。記事は事実を伝えることはもちろん、その背景を探り、ときには専門的な言葉を分かりやすく説明しています。ニュースの深層を知りたい場合は、今回取り上げた山陽新聞の「働くって」のような特集記事が役立ちます。一つのテーマを掘り下げ、数回にわたり連載しているからです。

② 特集記事を読む場合、まず大きなテーマに注目しましょう。今回の大テーマは「働くって」です。長時間労働、非正規雇用、過労死…という言葉を見聞きすることがあると思います。いずれも労働を取り巻く課題であり、大きな社会問題です。当然、児童家庭福祉にも影響があります。特集記事の初回で連載を始める理由をこのように書いています。

「働く意味って何だろう。労働環境のさまざまなひずみが社会問題となり、改革に向けた国の動きも加わってワークライフバランス（仕事と生活の調和）の必要性がこれまで以上に叫ばれる中、岡山から『働くこと』の現状と課題を見つめる」

③ 「働くって」の第１部は「過重の実像」という小テーマを掲げ、過重労働の実態に迫っています。長距離トラックの運転手、教員、コンビニエンスストアの店主、介護職員、保育士らが働く現場を７回にわたりリポートしています。

第２部の小テーマは「それぞれの苦悩」。連載は６回あり、非正規社員、マタハラ、介護との両立、ひとり親、障害者、パワハラについて深掘りしています。

④ 今回取り上げた第２部の４回目は「ひとり親」の課題を探っています。小テーマ「それぞれの苦悩」と「ひとり親」というキーワードを頭に入れておけば、何が書かれているか想像しながら読むことが可能です。さらに、見出しの「生活切り詰め『子守る』」と用語解説の「ひとり親家庭の就労実態」を事前に読んでおくこともお勧めします。担当記者は、大テーマ、小テーマ、見出しを念頭に記事を書いています。したがって、記事を読む前にこれらを押さえておくことが理解を深めるコツなのです。

（2） 記事はつながっている

① 連載記事は大テーマ「働くって」の下で、各回の内容が関連しています。例えば、「ひとり親」の記事の中で、「2011年度調査によると、母子約124万世帯の母親の就労による平均年収が約180万円。父子約22万世帯のほぼ半額で、経済事情の厳しさが際立っている」とひとり親家庭の課題を浮き彫りにしています。

② 経済事情が厳しいのはなぜでしょう。記事の中で「母親の方が非正規雇用の割合が高いことが要因とされる」と明示しています。どうやら非正規雇用がキーワードのようです。第２部の１回目にリポートしたのが非正規社員について。この記事の用語解説で次のように「非正規社員」を説明しています。

※非正規社員

臨時社員、派遣社員、契約社員、アルバイトといった雇用形態で働く人たち。1990年代から急増し、短期の雇用契約が目立つ。正規を希望する「不本意非正規」が少なくないとされ、国は2016（平成28）年に「正社員転換・待遇改善実現プラン」を策定。2017（平成29）年３月にまとめた働き方改革実行計画には正社員との不合理な待遇差をなくす「同一労働同一賃金」を盛り込みました。

③　児童家庭福祉は社会のシステムや経済状況といったさまざまな要素が関係します。関連性がないと思う記事が考えるヒントになります。記事はどこかでつながっています。記事の中で気になる言葉を見つけたら、切り抜いて読み比べてみましょう。

（江草　明彦）

記　事

社説

こどもの日

考えたいスマホと子育て

「大人になったら何になりたいか」。幼稚園で先生に聞かれ、男の子が秘めていた思いを口にする。「ママがスマホ（スマートフォン）ばっかりみてるから、ぼくはスマホになりたい」

　昨年出版された絵本「ママのスマホになりたい」（作・のぶみ）の一場面だ。子育て中の父親でもある作者はシンガポールの小学生の作文「スマホになりたい」に心を動かされ、書き上げたという。もっと子どもを見て―。絵本の呼び掛けに、ハッとする親も少なくないのではないか。

　①きょうは「こどもの日」。スマホ時代の子どもが育つ環境について考えてみたい。

　②スマホに慣れ親しんだ世代が親になり、乳幼児におもちゃ代わりに与える場合もあるようだ。企業や教育関係者らでつくる団体の調査では、就学前の子どもの６割強がスマホやタブレット端末などでインターネットを使っている。

　③「スマホに子守りをさせないで」。そんな呼び掛けをしているのは日本小児科医会だ。同会はテレビやＤＶＤも含め、メディアとの接触時間を１日２時間までに制限するよう提唱している。

　３月に岡山市で講演した同会理事の東京の小児科医、内海裕美さんは「どんなに便利な道具が開発されても、人間の育ちに必要なものは昔から何も変わっていない」と訴えた。それは、①眠ること②食べること③遊ぶこと（遊びはやがて学びとなる）④愛されること―という。

　早期からのスマホ接触が子どもに与える影響ははっきりとは分かっていない。ただ、④同会が警鐘を鳴らすように、子どもの育ちを阻害する「恐れ」があることは、多くの人が知っておくべきだろう。

　スマホなどの画面の光（ブルーライト）は体内時計を乱し、夜間に見れば寝付きにくくなる。視力低下の問題もある。画面を見るだけでは五感は養われず、積み木を触るなど指を使った遊びや屋外での遊びが必要だ。親がスマホに熱中して子どもを見なかったり、子どもにスマホを渡して放置したりすれば、⑤心を育てる上で重要な親子がふれあう時間も減ってしまう。

　⑥「ネット依存」の深刻さにも目を向けたい。スマホなどを介したオンラインゲームや会員制交流サイト（ＳＮＳ）に没頭し、生活に支障が出る子どもが増えており、低年齢化も指摘されている。

　岡山県内で家族の相談などに応じている県精神科医療センター（岡山市）でも小学生が受診している。ネット依存に確立された治療法はなく、１週間の入院プログラムでネット接続を制限し、踊りや散歩などを体験しながら、ネットの世界と現実の生活のバランスを見つめ直すという。

　予防のためにも乳幼児の親やこれから親になる世代への啓発が必要だ。⑦スマホなどの機器が子どもの育ちに与える影響について、社会がしっかり考える時期にきている。

出典：2017年5月5日山陽新聞朝刊

1. 社説で指摘する子育てにおける「スマホの問題点」は何でしょう。他にどのような課題が考えられますか。

2. 社説で指摘する子どもへの「ネット依存の問題点」は何でしょう。他にどのような課題が考えられますか。

3. 社説では子育てへのスマホの問題点が指摘されています。これに対し、「子育てにスマホを活用するメリット」を書いてみましょう。

4. 子どものネット依存を防ぎ、ネットを有効活用するにはどのような方法が考えられるか書いてみましょう。

5. 解　説

（1） 社説って何？

新聞には毎日、社説が掲載されています。文字通り新聞社が主張する論説のことです。今回の山陽新聞の社説は、見出しに「こどもの日　考えたいスマホと子育て」とあります。掲載日が5月5日のこどもの日。スマートフォン（スマホ）は生活の必需品の一つだが、子どもの成長に影響があるかもしれない―と主張しているようです。

（2） 社説を読んでみよう

社説は88行の文章の中で、家庭の中で多く利用されるスマホについて現状と課題を説明したうえで提言しています。①から⑦までのポイントとなる文章を読んでみましょう。

① スマホに関する絵本の内容を紹介したうえで、「きょうは『こどもの日』。スマホ時代の子どもが育つ環境について考えてみたい」とズバリ、論じたいテーマが書かれています。

② 次に、「スマホに慣れ親しんだ世代が親になり、乳幼児におもちゃ代わりに与える場合もあるようだ」と現状を説明しています。米アップルの「iPhone（アイフォーン）」が日本で発売されておおむね10年。10代で利用を始めた人たちも子育てをする世代になっているのだな、ということが実感できます。

③ 「スマホに子守りをさせないで」。ここで、日本小児科医会の衝撃的な呼び掛けが紹介されています。山陽新聞にこのような内容の記事がありました。「子どものはしゃぐ声、泣き声が騒音と捉えられ、保育所建設が反対されたり、苦情が寄せられるなど、子育て環境が厳しくなる一方だ。こうしたことを背景に、『しつけアプリ』『泣きやみ動画』といった子どもを静かにさせる道具としてスマホが利用されている」。

記事は、「母親は周囲からの重圧を感じスマホに頼ってしまう。スマホに子守りをさせてしまう社会をどう変えていくべきか」といった趣旨の有識者のコメントで締めくくられています。

④ 「子どもの育ちを阻害する『恐れ』があることは、多くの人が知っておくべきだろう」と主張しています。事例として、画面の光（ブルーライト）が体内時計を乱すことや視力低下、五感が養われないことなどをあげています。

⑤ スマホに依存した子育ては「心を育てる上で重要な親子がふれあう時間も減ってしまう」と警鐘を鳴らしています。

⑥ 「『ネット依存』の深刻さにも目を向けたい」。オンラインゲームや会員制交流サイトに没頭し、生活に支障が出ている子どもが増えている、と別の問題も示しています。

この問題と関連した山陽新聞の記事（2017（平成29）年4月30日）で、岡山県教委によるネット依存に関する調査の結果が明らかになっています。県内の公立小中高生のうち約2,800人がネット依存の状態。小学生（4～6年）0.7％、中学生2.4％、高校生3.5％が「依存状態」で、「依存の可能性がある」まで範囲を広げると、実に計3万6,000人超に上る、と推計されています。

⑦ 社説は最後に、スマホなどの機器が子どもの育ちに与える影響を社会が考える時期にきている、と提言しています。

（3） 社説を参考に考えを広げよう

①〜⑦を見ると、確かにスマホやネットの依存には課題があるのだなと感じます。一方、孤立しがちな子育ての支援に活用する動きが、山陽新聞の記事で読むことができます。

例えば、2017（平成29）年2月14日の記事。岡山県美作市が安心して子育てする環境整備の一つとして、スマホを利用した「電子親子手帳」のサービスを始めることが報じられています。生年月日を登録すると予防接種の予定日が自動で明示され、予定日が近づくと通知してくれるほか、乳幼児健診の体重や身長の推移がグラフ化される、というものです。

社説は読者に考える材料を示しています。社説以外の記事にも目を向け、さまざまな課題を検証するきっかけにしてください。

（江草　明彦）

第2章　家庭の意義と機能

記　事

18歳をあるく

仲良し親子 価値観そっくり

今晩の献立は、野菜スープとメカジキの煮物、レンコンのきんぴらと鶏肉とキュウリのサラダ。朝夕はみんなで食卓を囲む。それが、東京・浅草の高校3年、Aさん(18)の家族のルールだ。

家業のノリ加工販売業は121年続く老舗。先祖から継いだ地に建てた2世帯住宅に、Aさんは両親と妹(15)、そして父方の祖母(88)と5人で暮らしている。食事時、祖母の給仕をするのはAさんと妹の役割。食卓は会話を楽しむだけでなく、箸の持ち方などマナーを学ぶ場でもある。

夕食を家族とともにするため門限は午後9時と早めだが、Aさんは不自由を感じたことはない。「おばあちゃんは生きてきた時代が違うから、いろんなことを知っている」。大学生になっても家族のルールは守るつもりだ。

戦後まもなくは珍しくなかった3世代同居。厚生労働省の国民生活基礎調査によると、今の18歳が生まれたころの1998年と2015年を比べると、3世代同居は11・5%から6・5%に半減した。一方、核家族は夫婦だけの世帯が増えており、全世帯の2割程度になった。夫婦と未婚の子でつくる世帯は減っているとはいえ、依然として約3割を占める。

12月末で18歳になる茨城県土浦市の県立高3年、Bさんは、両親と子2人の核家族で育った。父のCさん(50)は会社員、母のDさん(44)はパート勤めで、弟のEさん(16)は同じ高校に通う。

「うちの家族は仲がいい」とBさん。全員で年に何度か、車で東京ディズニーランドに繰り出す。出勤が早い父に合わせ、午前6時に起き朝食をともにする。Cさんは昔う。「単身赴任中は部屋に戻るとぽつんと1人。つらかった」

国語の教師を目指すBさんが思い描く将来像はこんな具合だ。24～25歳で結婚し、実家の近くに居を構える。子どもは2人。「両親が築いてくれたような家庭」が理想だ。ただ、「家事や育児もやりたい」と思っている。

明治安田生活福祉研究所と出版社のきんざいによる高校生を対象にした今年の調査によると、父親との関係が「とても良好」「どちらかと言えば良好」と答えたのは約78%、母親との関係では約91%にのぼった。

「仲良し家族」が増えている理由について、山田昌弘・中央大教授（家族社会学）は、「高度経済成長と共に急速にポップカルチャーが入った時代は、伝統や規範を守る側の親との対立があったが、今の親世代はポップスや漫画などに親しんでおり、親子で価値観を共有できる。親との関係が親密な分、『外に出る』体験にあまり興味を持たなくなっている」と説明する。

家族像 授業で問う

赤ちゃんを囲む高校生たちの声が弾む。「めっちゃ目キラキラしてる」。11月下旬、大阪府茨木市の府立茨木高校の家庭科の授業に、地域の母子が招かれた。生徒たちは母親の子育てへの思いや苦労話に耳を傾ける。

体験学習についてF教諭は「高校生は育まれている側でもあり、これから育む側でもある。子育てと社会の関わりを考えるいい機会」と考えている。

ひとり親の家庭、養子を迎えた家庭、それぞれの子どもを連れて再婚した家庭……。授業では様々なイメージ画を生徒に配り、「この中で家族だと思うのは？」と問いかける。

正解を求めているわけではない。多様化する家族の現実を知ってもらうための試みだ。

高校の家庭科はかつて女子だけの必修で、調理や裁縫といった実技が中心だったが、家族について学ぶ割合がしだいに増えた。1994年からは男女とも必修になった。女性の社会進出に伴って男性も家事や育児を学ぶ機会が必要との声が高まっていたからだ。また、非行や不登校などの問題が増えたのは、家庭の機能の衰退によるとの考え方も影響したという。

家庭科の教科書を執筆してきた牧野カツコ・お茶の水女子大学名誉教授は「ひとり親や共働きが増え、国際結婚などにより家族は多様化しているが、女性が家事や育児を担うべきだという意識は依然として根強い。若者が思い描く家族像も画一的になりがちだ」と指摘。また、仕事と子育ての両立は難しいと考える若い女性が都市部でも増えており、「出産後は家庭中心という考えはむしろ広がっているのではないか」と語った。

親になる道 選んだ

「見て見て」。Gさんの長男、Hちゃん(2)が滑り台を勢いよく滑った。得意げな表情でまた階段を上り始める。「全然飽きんね」。夫のIさんと顔を見合わせ、笑った。

子育て真っ最中の18歳もいる。静岡県内の高校に通い、1年のときに同じクラスになった。Iさんが告白し、つきあい始めた。その半年後、Gさんの妊娠がわかった。

Gさんが小学5年の時、両親は離婚。温かい家庭にあこがれていた。10代の出産は貧困や社会からの孤立につながるケースもあり、周りは反対した。それでもGさんは高校を中退し、16歳で我が子を産む道を選んだ。

Iさんも親になる覚悟を固め、通信制の高校に転校した。「一緒に住むのは結婚してから」という両親の考えに従い、Gさんの実家に通った。Gさんは家事をこなし、子どもが寝ている時間に働いて、実家にお金を入れた。「子育て中の『自由がない』って、トイレにも行けないってことだったんですね」。自身も親となった今、朝から晩まで仕事を掛け持ちして育ててくれた母のありがたさが身にしみる。

今年3月、Iさんが高校を卒業し、工場で働き始めた。正式に結婚し、一緒に暮らすようになった。

Hちゃんには「失敗を恐れず、のびのび育ってほしい」と願っている。困った時に助言できる親になりたいという。「母もそうでした。私はのびのびしすぎちゃったけど」

Hちゃんに2人の出会いと結婚について聞かれたら、包み隠さず話すつもりだ。「結婚はもう少し遅い方がいいよ、っていうと思う。若いから、冷たい視線を浴びることもある。5年後だったら、みんなに『おめでとう』っていってもらえただろうから」。お金をためて、盛大な結婚式を挙げるのが夢だ。

（仲村和代、秋山訓子）

出典：2016年12月18日朝日新聞

1．家族と家庭について考えてみましょう。

（1）「家族」とはどのようなものですか。「家族」から連想する言葉を挙げてみましょう。

（2）「家庭」とはどのような場ですか。同じように、連想する言葉を挙げてみましょう。

（3）「家族」や「家庭」について、他の人と意見を交換してみましょう。共通するイメージがある一方、異なる意見もあるかもしれません。なぜでしょうか。

2．新聞記事について考えてみましょう。

（１）　記事には、いくつかの家族の形態が挙げられていましたが、「核家族」について説明してみましょう。

（２）　記事の前半、ＡさんとＢさんの事例の表題に「価値観」と記されています。あなたの価値観はどのように育まれたのでしょうか。

（３）　記事の後半に登場するＧさんとＩさんは“育まれている側”から“育む側”になりましたが、「若いから、冷たい視線を浴びることもある」と言います。子育て中の若年者に対する支援について考えてみましょう。

（４）　記事を読んで、共感すること、学んだこと、感想などをまとめてみましょう。

3. 解　説

（1） 家族とは

わが国の代表的な家族の定義では「家族とは、夫婦・親子・きょうだいなど少数の近親者を主要な成員とし、成員相互の深い感情的かかわりあいで結ばれた、第一次的な福祉（well-being）追求集団である」[1)] とされています。しかし、家族についてはさまざまな捉え方があり、また、家族の形態も、ひとり親家庭、再婚家庭、事実婚や同性カップル、里親家庭など多様化してきていることがわかります。

（2） 家族の構成

「核家族」とは、夫婦と未婚の子供からなる家族を指し、夫婦のみの家族やひとり親とその未婚の子供からなる家族も核家族に含まれると定義されています。「平成 28 年国民生活基礎調査（平成 28 年 6 月 2 日現在（熊本県を除く）厚生労働省）」によると、2016（平成 28）年の我が国の核家族は 3,023 万 4,000 世帯で全体の 60.5％を占めています。全体の世帯数は増加していますが、全体に占める核家族の割合は横ばい状態となっています。「三世代世帯」は 294 万 7,000 世帯で、1986（昭和 61）年からおよそ半減しています。全体に占める割合も少なくなり 5.9％となっています。大幅に増えているのが「単独世帯」で 1,343 万 4,000 世帯と、1986（昭和 61）年から倍増しており、全体に占める割合は 26.9％となっています。平均世帯人員は 2.47 人で、年々家族の規模は小さくなっています。

（3） 家族の機能

家族の機能については、古くはマードック（Murdock, G.P.）が「性的機能、経済機能、生殖機能、教育機能」の 4 機能説を唱えています。また、パーソンズ（Parsons, T.）の「子どもの社会化」と「成人の安定化」の 2 機能説があります。社会の近代化によって、このような家族の機能も変化していくこととなります。オグバーン（Ogburn, W.F.）の「家族機能縮小論」では、工業化の進展に伴って「経済、地位付与、教育、保護、宗教、娯楽、愛情」という 7 つの機能のうち、愛情機能以外の 6 つの機能は家族のなかで衰退し、家族の外部の専門的な機関や制度に委譲されていくとしています。

（4） 家庭の役割

内閣府が行った「平成 29 年度　国民生活に関する世論調査」（2017（平成 29）年 8 月複数回答）では、家庭はどのような意味をもっているかという設問に対し、「家族の団らんの場」を挙げた人の割合が 65.2％、「休息・やすらぎの場」を挙げた人の割合が 64.0％と高く、以下、「家族の絆（きずな）を強める場」（54.8％）、「親子が共に成長する場」（37.9％）の順となっています。「子どもを生み、育てる場」（27.8％）、「子どもをしつける場」（16.2％）、「親の世話をする場」（15.1％）など、子育てや介護に関する項目は上位に挙がらず、また、前述のように家族の規模が縮小していることからも、このような家族の機能が低下していることがうかがえます。

注

1）　森岡清美・望月崇『新しい家族社会学（四訂版）』培風館、1997 年、p.4

（山下　智佳子）

記　事

特別養子縁組を考える（下）

血縁なくても「みんなうちの子」

福岡県柳川市の市職員Aさん(49)と、英会話教室主宰のBさん(47)夫妻は7年半前、特別養子縁組で生まれたばかりのC君(7)を迎えた。夫妻とその実子、里子に囲まれて育ったC君はもうすぐ小学2年生。Aさん一家を訪ね、特別養子縁組がつないだ親子の絆を見つめた。（河津由紀子）

C君は学校から帰宅するなり、我慢できなかったのか庭の花壇で立って用を足し始めた。Bさんが面白がってのぞくと、「本当のお母さんじゃないけん、見ちゃいけーん」。

血がつながっていない親子であることを、2歳のころから絵本「ももたろう」で説明した。最近は理解し始めたのか、試すようなことを言うようになった。

Bさんも負けてはいない。「生まれてくる前から、あんたのお母さんになるのが決まっとったやないね」「じゃあ見ていいよ」

A家は6人家族。夫妻に元里子のDさん(25)、里子のE君(16)、実子のFさん(12)、養子のC君。きょうだいは全員、血がつながっていない。

◇　◇

里子、実子…一緒に暮らして家族に

2人が養子縁組を考えるようになったのは、長い不妊治療が実り、2004年にFさんを出産した後だった。Bさんは米国出身の8人きょうだい。子どもたちに囲まれ、お母さんとして生きたい―。そんな望みをかなえるのに、不妊治療に再び挑戦するのはあまりにつら過ぎた。

赤ちゃんの置き去りがニュースになると、その警察署に「僕たちに育てさせてください」と電話した。その縁で児童相談所（児相）に里親登録もした。

06年には、中学生だったDさんの養育里親となった。08年には「こうのとりのゆりかご」を運営し、赤ちゃんを育てられない妊婦の相談支援をしている慈恵病院（熊本市西区）に、「赤ちゃんを迎えたい」とメールを送った。すると同院からセミナーの知らせが届き、2人で参加した。そこで学んだのは「特別養子縁組は子どもが欲しい大人のための制度ではなく、子どもの幸せのためにある制度」ということ。困っている妊婦の力になりたいという思いも募った。

09年7月、同院と提携する民間あっせん団体の面接を家族4人で受け、その2カ月後、ある女性のおなかの中にいたC君との縁組の話が舞い込んだ。

同年10月、C君は同院で若い母親から生まれた。その日、Bさんは C君とともに入院し、他の産婦と一緒に育児のトレーニングを受けた。名前は「心の広い人になってほしい」と夫妻で付けた。

特別養子縁組を家庭裁判所に認められるためには、約6カ月一緒に暮らす試験養育期間が必要だ。その間は、「親子」に法的なつながりはない。Bさんは「育児をしながら『本当のお母さんが同意を撤回したら、この子と引き離されてしまう』と不安がついて回った」と振り返る。

◇　◇

C君を迎えた翌年。小学生だったE君の養育里親となり、6人家族になった。留学中のDさんは既に成人し、制度上はもう里子ではないものの、今もA家が実家だ。

C君が特別養子のことを意識し始めても、Bさんは安心している。「うちは実子が少数派だから。みんなうちの子」。きょうだいの姿から、血はつながらなくても家族なのだと伝わっていると信じる。

C君との関係を周囲にどう話すか、迷いはなかった。Dさんが高校生のころ、「堂々と育ての親って言ったらいいじゃない」と教えてくれたからだ。

記者が一家にカメラを向けると、その笑顔はどことなく似ていた。Aさんは「一緒に暮らして、同じ物を食べて、同じ体験をして、家族になっていくんですよね」とほほ笑んだ。

出典：2017年3月29日西日本新聞朝刊

1. 家族の多様化

（1） 次の言葉を説明してみましょう。

① ひとり親家庭

② ステップファミリー

（2） 里親には養子縁組をする里親と親族里親、養育里親（専門里親を含む）があります。養育里親について説明してみましょう。

2. 新聞記事について考えてみましょう。

（1）「特別養子縁組」と「普通養子縁組」はどう違うのでしょうか。説明してみましょう。

（2） AさんBさんご夫婦は「養育里親」でもあります。わが国では社会的養護が必要な子どもたちは約4万5,000人いるとされていますが、養育里親やファミリーホームで家庭的養護を受けているのは、そのうち約14%です。国は里親の開拓や支援をすすめ、特別養子縁組を推進していこうとしていますが、その理由を考えてみましょう。

（3） 記事を読んで、感銘を受けたこと、学んだこと、感想などをまとめてみましょう。

3. 解　説

（1） 特別養子縁組の促進

「特別養子縁組」とは子どもの福祉の増進を図るために、養子となる子どもの実親（生みの親）との法的な親子関係を解消し、実の子と同じ親子関係を結ぶ制度で、養親になる要件を満たす場合に、家庭裁判所の決定によって成立します。2016（平成28）年「児童福祉法」改正において、家庭養育優先の理念を規定して里親委託等を推進することとし、この改正法の理念を具体化するため、2017（平成29）年8月に「新しい社会的養育ビジョン」が出されました。さらに、「民間あっせん機関による養子縁組のあっせんに係る児童の保護等に関する法律」が2016（平成28）年に成立し、児童相談所のほか、民間あっせん機関を許可制とし、適正な養子縁組のあっせんを促進することとしています。

（2） 養育里親について

里親は、前述の養子縁組里親のほか、親族里親と養育里親があります。養育里親は、家庭での養育が困難になった子どもを一定期間養育する里親で、里親と里子に戸籍上の親子関係はありません。また、養育里親のうち、虐待や非行、障害など専門的な援助を必要とする子どもを養育する「専門里親」があります。厚生労働省は、「家庭での生活を通じて、子どもが成長する上で極めて重要な特定の大人との愛着関係の中で養育を行うことにより、子どもの健全な育成を図ります」として、里親の開拓をすすめています。2017（平成29）年には、同性カップルが養育里親に認定されています。

（3） 多様化する家族の形態

「ひとり親家庭」は母子家庭と父子家庭を総称した言葉です。「平成28年国民生活基礎調査（2016（平成28）年6月2日現在（熊本県を除く）厚生労働省）」によると、2016（平成28）年の「児童のいる世帯」は1,166万6,000世帯で、そのうち「夫婦と未婚の子のみの世帯」が857万6,000世帯、「三世代世帯」が171万7,000世帯といずれも減少しているのに比して、「ひとり親と未婚の子のみの世帯」は81万世帯で、年々増加しています。「ステップファミリー」は、前の配偶者との子供を連れて再婚した家庭を指します。統計はありませんが、離婚件数が増えていて、結婚したカップルのうち一方か双方が再婚という件数も増えていることから、ステップファミリーも増加していると考えられます。また、外国にルーツのある家族、里親家庭、同性婚など、家族の形態は多様化しています。

参考文献

厚生労働省「平成28年　国民生活基礎調査」2017年
井村圭壯・松井圭三編著『家庭支援論の基本と課題』学文社、2017年
内閣府「平成29年度　国民生活に関する世論調査」2017年
厚生労働省「新しい社会的養育ビジョン」2017年
厚生労働省「里親制度の概要」2017年

（山下　智佳子）

第3章　家庭支援の必要性

記　事

子育て支援はフィンランド流

妊娠から相談一元化「ネウボラ」道内でも

妊婦や子育て中の家族を継続して支えるフィンランドの制度「ネウボラ」を手本にした子育て支援事業が、道内の自治体で広がっている。妊娠から出産、子育ての悩みまで対応を一つの窓口に集約するため、途切れることなく親子をサポートできるのが利点だ。　（貝沢貴子）

妊婦健診や予防接種のスケジュールに、担当の保健師―。千歳市が妊婦や子育て中の親に配布するファイルには、こんな項目が記された「支援プラン」が収められている。プランは、妊娠期から子育て期までで計5種類。18歳まで切れ目なく支えようとするこの支援プランが「ちとせ版ネウボラ」の特徴の一つだ。

ネウボラは「アドバイスの場」の意味。フィンランドでは妊娠期から就学前までの子どもだけでなく、父親や母親など家族全体の心身を支える制度として定着している。

千歳市　18歳まで切れ目なく／釧路町　助産院と連携

千歳市のちとせ版ネウボラは10月にスタート。同市は妊娠や出産、子育ての悩みを一括して相談できる窓口として、市総合保健センターに専用相談室を設置した。親たちが気軽に相談できるよう、千歳市内に計10カ所ある子育て支援センターに保健師や助産師らが赴き、相談に乗っている。

一定の年齢ごとに行う乳幼児の健康診断は、健診と健診の間が空くため、悩みがあっても相談しにくい。その点、ネウボラは「親子に会う機会が増えるため、発達や子育ての悩みに早期に対応しやすい」と同市母子保健課の遠藤咲子係長は語る。家族全体の支援というネウボラの特徴を生かし、今後は父親たちにも事業の存在を広めたいという。

釧路管内釧路町もネウボラ事業に取り組む自治体の一つだ。町内の助産院などと連携し、出産前後の母親の相談に乗ったり、保護者が病気などの際に子どもを一時的に預かったりするサービスを展開している。

母親が宿泊しながら受けられるサービスもあり、利用者からは「心も体も癒やされる」と好評だ。同町こども健康課の宍戸牧子課長は「民間との連携によって、若年層の望まない妊娠などさまざまな悩みを把握できた。事業を周知し、支援が必要な人に届けたい」と話す。

札幌でネウボラを立ち上げようと、独自に活動を始めたのは市民団体「NPO北海道ネウボラ」だ。2児の母である五嶋絵里奈代表が中心となり、昨年12月に発足。これまでに計2回研究会を開き、母子支援の現状を探ってきた。

現在は、乳幼児の親子が集える講座などを札幌市内で開催。五嶋さんらスタッフが子育ての悩みを聞き、必要に応じて適切な支援機関につなげている。14日午前10時からはかでる2・7（札幌市中央区北2西7）6階で、子育て相談を行う予定。五嶋さんは「相談対応の拠点を設けるなど活動を広げたい」と話す。

政府も後押し／家族全体支える理念を

道内でネウボラ事業が広がる背景には国の「日本版ネウボラ」構想がある。厚生労働省が2015年度から、妊娠期から子育て期まで幅広いニーズを一つの窓口で担当する「子育て世代包括支援センター」の整備を推進。今年4月時点で269自治体、道内は函館や旭川など15自治体が同センターを置いている。厚労省は20年度末までに全国展開を目指すが、自治体によって取り組む事業内容に差が生じているのが現状だ。

ネウボラに詳しい藤女子大保育学科の木脇奈智子教授（家族社会学、ジェンダー論）は「出産や育児だけでなく、夫婦関係の悩みなど家族全体を支援するのがネウボラの理念。従来の子育て支援を寄せ集めするだけではネウボラとは言えない」と指摘する。

必要なのは、家族と1人の保健師の間で対等な信頼関係を築き、それを継続できるような仕組みづくりだという。木脇教授は「現在進められているネウボラ事業を実のある制度にするには、子育て世代包括支援センターのあり方などを定期的に検討するべきでは」と話している。

出典：2016年12月11日北海道新聞朝刊

1．言葉を調べてみましょう。

（1） フィンランドの制度「ネウボラ」とは何かを調べてみましょう。

（2）「子育て支援センター」とは何かを調べてみましょう。

（3）「子育て世代包括支援センター」とは何かを調べてみましょう。

2. あなたの住んでいる市町村における市町村保健センターや子育て支援センター等では、どのような子育て支援が行われているか調べてみましょう。

3. 新聞記事から、現在の日本では「ネウボラ」や「子育て世代包括支援センター」などの機関が子育て家庭の支援にとって必要になってきていることが分かりますが、それは、現在の日本の子育て家庭がどの様な課題や問題、リスクを抱えているからですか？また、「ネウボラ」や「子育て世代包括支援センター」といった機関がそれらの課題や問題、リスクに対して有効と考えられるのはなぜですか？

【課題や問題、リスク】

【有効と考えられる理由】

4. この記事を読んであなたが思ったこと、感じたことを自由に書いてみましょう。

5. 解　説

（1） ネウボラとは？

ネウボラは「アドバイスの場」を意味するフィンランドの制度であり、「出産・子育て家族サポートセンター」とも訳されます。ネウボラは、妊娠期から就学前まで、出産・子育て・家族の相談支援を行う地域のワンストップの相談支援機関です。保健師を中心とした専門職が、すべての妊婦とそのパートナー、就学前の子どもを育てる家庭に対して切れ目ない個別の支援を行います。また、かかりつけ制度を採用し、基本的に同一の担当者が一つの家庭に寄り添います。このため、家族との信頼関係が構築されやすく、家庭が抱える問題やリスクを早期に捉え、事態が重篤になる前の支援を可能とします。日本でも妊娠期から子育て期の切れ目ない支援を目指して、日本版ネウボラとも言える「子育て世代包括支援センター」の整備が進められています。

（2） 子育て支援センターとは？

子育て支援センターは、「児童福祉法」第6条の3第6項で定められる地域子育て支援拠点事業の一つに位置づけられる施設であり、地域における子育て支援の拠点として乳幼児とその保護者を支援します。実施主体は市町村で、公共施設、公民館、保育所など子育て中の親子が集いやすい場所で事業を展開しています。基本的な事業は、「乳幼児とその保護者の交流の場の提供と交流の促進」「子育て等に関する相談、援助の実施」「地域の子育て関連の情報の提供」「子育て及び子育て支援に関する講習会等の実施」です。子育て支援センターの目的はこれらの事業を通じて、家庭や地域の子育て機能の低下や保護者の孤立感、育児不安の増大に対応するとともに、地域の子育て機能を充実させ、子どもたちの健やかな育ちを支援することです。

（3） 子育て世代包括支援センターとは？

2016（平成28）年5月の「児童福祉法等の一部を改正する法律」の成立に伴って、「母子保健法」により法定化された機関であり、法律上は「母子健康包括支援センター」と言います。妊娠期から子育て期にかけて切れ目なく、「母性並びに乳児及び幼児の健康の保持及び増進に関する包括的な支援を行うこと」を目的としますが、それにより、妊産婦・母親の孤立感や負担感の軽減を図り、ひいては児童虐待の発生予防につなげることが法定化の趣旨とされます。「母子保健法」は、市町村に当センターの設置の努力義務を課しており、国は2020年度末までの全国展開を目指します。

（4） 現在の日本の子育て家庭が抱える課題やリスクについて

平成28年国民生活基礎調査によれば、1989（平成元）年には14.2％を占めた三世代世帯は2016（平成28）年には5.9％まで減少しており、核家族化が進行しています。このことは、多くの子育て中の家庭において、子育ての負担が夫婦に集中していることを意味します。平成29年版少子化社会対策白書によれば、6歳未満の子どもを持つ夫婦の1日当たりの家事・育児関連時間は、夫が1時間7分で妻が7時間41分です。夫が家事や育児にかける時間は、先進国中で最も低い水準であり、妻が家事や育児にかける時間は、先進国中で最も高い水準です。つまり、日本の子育ては多くの場合、母親が一手に引き受けているのです。そこには、夫が外で仕事をし、妻が家事と育児を担うという旧来の性別役割分業意識が根強く関係しているようにも思われます。また、そのような性別役割分業意識の結果とも考えられますが、夫の長時間労働の問題も指摘されています。総務省の「労働力調査」によれば、週60時間以上の長時間労働を行う男性の割合は低下傾向にあるものの、子育て期である30代、40代の男性では15%台と、他の年代よりも高い割合を示しています。

子育ては親にとって喜びになるとともに、身体的、精神的な負担も高い営みです。本来は夫婦を核としつつ、親族内や地域における私的な支援、保育所等の社会的資源を活用しながら営まれる必要があります。しかし、現在は既に述べた核家族化、夫の長時間労働、性別役割分業意識の問題に加えて、地域における人間関係の希薄化などから子育ての負担が母親に集中しています。さらに、保育所の待機児童問題など社会的要因も母親の子育て負担を高めています。

そのような中では、育児の孤立化が進みます。孤立化した育児は支援が入りづらいため、子どもの気質的な難しさ、子どもの障がいやその傾向、親側の養育知識の不足や技術の未熟さ、家事・育児に伴う親側の心身の疲労などの子育て上のリスクが、子どもの育てにくさとなって母親を苦しめます。結果として、高い子育て不安や不適切な養育、ひいては児童虐待につながることが危惧されます。また、これらの問題の発生を避けるために子どもを持つことや第2子以降の出産を控えることもありえます。現在、日本の問題である少子化にもつながっているわけです。

（5）「ネウボラ」や「子育て世代包括支援センター」といった機関が、（4）の課題やリスクに対して有効と考えられる理由

「ネウボラ」も「子育て世代包括支援センター」も妊娠期から子育て期にかけて切れ目なく家庭に寄り添うことを掲げ、出産・子育てに関して家庭を支援する機関です。家庭がこれらの機関を活用できれば、保健師等の専門家の支援により母親の高い育児負担や子育ての孤立化を防ぐ有効な手立てとなります。また、専門家の関わりにより、父親が育児の負担や困難さを十分に理解し、自らの働き方を考え、家事・育児への参加を増やす重要性にも気づくことが期待されます。結果として、児童虐待の防止や少子化に歯止めをかけることに有効に作用すると考えられます。

しかし、これらの機関による支援は担当の保健師等と家族の信頼関係とその継続に支えられます。ネウボラはかかりつけ制度により、それを可能としています。「子育て世代包括支援センター」が有効に機能するか否かは、この信頼関係の構築と継続の仕組み作りにかかっていると言えます。

参考資料

厚生労働省「児童福祉法等の一部を改正する法律の公布について」（平成28年6月3日雇児発0603第1号）、2016
厚生労働省「平成28年　国民生活基礎調査の概況」、2017
http://www.mhlw.go.jp/toukei/saikin/hw/k-tyosa/k-tyosa16/index.html（2017.10.23入手）
厚生労働省「地域子育て支援拠点事業の実施について」（平成29年4月3日雇児発0403第18号）、2017
内閣府『平成29年版　少子化社会対策白書』、2017、p.26
http://www8.cao.go.jp/shoushi/shoushika/whitepaper/measures/w-2017/29pdfhonpen/29honpen.html（2017.10.23入手）
総務省「平成28年　労働力調査」、基本集計　第II-9表
http://www.e-stat.go.jp/SG1/estat/List.do?lid=000001170226（2017.10.23入手）
髙橋睦子『ネウボラ フィンランドの出産・子育て支援』かもがわ出版、2015

（藤原　映久）

記　事

児童館 地域で新たな役割

学習・育児支援など

つながり希薄化

群馬県太田市 100円の食事も

新たな役割を児童館に持たせる動きが広がっている。子どもに食事を提供したり、勉強を教えたり、育児支援の拠点にしたり。地域のニーズに応えようと、様々な取り組みを始めている。（竹之内知宣）

群馬県太田市の九合《くあい》児童館で昨年12月23日の昼、冬休み中の子どもたちが、おいしそうにカレーライスをほおばっていた。同市が14児童館で始めた「こども食堂おおた」という取り組み。1回100円で食事ができる。家庭の事情で十分に食事ができなかったり、独りで食べることが多かったりする子どもらを支援する。

この日、九合児童館に集まったのは小学1年から中学1年までの10人。小学6年の女児は「みんなで食べるカレーはおいしい」とおかわりをしていた。市の担当者は「食事を楽しんでもらい、子どもたちの居場所づくりにつなげたい」と話す。現在は試行期間中で、本格実施する4月からは週1回開く予定だ。

＊

児童館は、高度経済成長で共働き家庭が増加した1960～70年代に整備が進んだ。2015年10月1日現在、全国に約4600か所ある。全国の児童館を支援する「児童健全育成推進財団」（東京）の　A　さんによると、少子化で子どもの利用が減少傾向にある中、地域のニーズに即した特色を打ち出す児童館が目立つという。

札幌市では12年度から、生活保護受給世帯の中学生らを対象にした学習支援を行っている。週に1回の割合で、学校の宿題などを大学生ボランティアらが教えている。

東京都世田谷区では、中高生の利用を促すため、区内5地域にそれぞれ1館ずつ「中高生支援館」を設置した。開館時間を延長する曜日を設けて、中高生が学校や家庭以外でゆっくり過ごせる「居場所」を提供している。

乳幼児やその親の支援に力を入れるケースも増えている。

東京都板橋区は16年4月、児童館の運営の軸を育児支援に移した。区内の全児童館26か所に「子育て応援児童館キャップス」との愛称を付け、乳幼児が遊べるスペースや授乳室を設置。0歳や1歳など年齢に応じた遊びのプログラムも実施している。

愛知県半田市の児童館「板山ふれあいセンター」では、妊娠期の夫婦への支援を行っている。助産師から出産や子育てのアドバイスを受けられるほか、ボランティアの協力で、実際に赤ちゃんをもく浴させる体験ができる。初めて赤ちゃんに触れる夫婦もいて好評だという。

東洋大教授の　B　さん（児童福祉学）は「少子化が進み、地域のつながりが希薄になる中、児童館に求められる役割も多様化してきた。どんな取り組みが必要か、地域でよく話し合って決めていくことが重要だ」と話している。

「こども食堂」でカレーライスを食べる子どもら（群馬県太田市の九合児童館で）

出典：2017年1月13日読売新聞朝刊

1．言葉を調べてみましょう。

（1）「児童館」は児童福祉施設の一つですが、どのような機能や役割、特徴を持つ施設でしょうか？ 調べてみましょう。

（2）今、全国では「こども食堂」が広がっています。「こども食堂」では、何を目的として、どのような活動が展開されているのでしょうか？ 調べてみましょう。

2．新聞記事には「生活保護受給世帯の中学生らに対する学習支援」の紹介もあります。なぜ、このような支援が必要なのでしょうか？ 考えてみましょう。

3. 新聞記事では、児童館が中高生の居場所になっている例が記されていますが、児童館は小学生にとっても放課後の居場所です。小学生の放課後の居場所としては、放課後児童クラブもありますが、児童館と放課後児童クラブの違いは何でしょうか？ 調べてみましょう。

4. 新聞記事からは、児童館が幅広い年齢の子どもとその家庭に対して、多様な支援を展開していることが分かります。児童館に多様な支援が求められる背景は何でしょうか？考えてみましょう。

5. この記事を読んであなたが思ったこと、感じたことを自由に書いてみましょう。

6. 解　説

（1） 児童館とは？

児童館とは児童厚生施設と呼ばれる児童福祉施設の一つで、児童の遊びを指導する者が配置されています。遊びを通じて児童の健康を増進し、情操を豊かにすることを目的とする施設ですが、小学生以上の子どもたちからすれば、放課後の居場所であり、遊び場です。なお、児童館はその施設規模に応じて小型児童館、児童センター、大型児童館の３種類に分類され、最も地域に密着しているのが小型児童館です。

児童館の役割と機能は、児童館ガイドラインにより「遊びと生活を通した子どもの発達増進」「居場所づくりと家庭や地域の子育て環境の調整を通じた子どもの日常生活の支援」「子どもと家庭が抱えうる問題の発生予防と早期発見、早期対応」「保護者の子育て支援」「地域の子育て資源をつなぎ、地域の子育て力を高める拠点となること」の５つの内容が示されています。

また、児童館を他の児童福祉施設と比較した場合、「健全育成の手段として遊びを積極的に活用すること」「0歳～18歳までのすべての子どもが、継続的に利用できること」「子どもの意思で自由に来館して、何をして過ごすかを自分で選択できること」などが、大きな特徴と言えます。

（2） こども食堂とは？

こども食堂は、地域の子どもを主な対象として無料や低額で食事を提供する場の総称と言えます。以前から類似の活動はあったとされますが、「こども食堂」の名称を用いたものは、2012（平成24）年に東京で「気まぐれ八百屋だんだん」の店主が開催したものが最初とされます。その後こども食堂は急速に広がり、報道によれば2017（平成29）年10月の時点で、全国で500か所を超えるそうです。こども食堂は貧困との関係で語られることが多いですが、目指すものは運営主体により多様性があります。貧困家庭の子どもを主な対象とするものから、対象を絞り込むことなく、地域の子どもから高齢者までの誰もが利用できる住民交流の場を目指すものまで広がりがあります。運営主体も市民グループからNPO法人・社会福祉法人、行政までと多様であり、開催頻度も週に１～数回のものから月１回程度のものまであります。このように多様なこども食堂ですが、食を通じた子どもに対する支援活動であり、地域の子どもに対して「他の子どもや大人との交流」と「居場所」を与える点は共通とされます。その中から、貧困や孤食、家庭の孤立、親子関係の問題など様々な生活課題が見えてくる可能性は高いですが、これらの課題をこども食堂のみでは解決できません。こども食堂が地域の子どもを支える一資源として、子どもを支える多くの機関とつながることが重要です。

（3） 「生活保護受給世帯の中学生らに対する学習支援」の必要性

厚生労働省が行う「国民生活基礎調査」によれば2015（平成27）年の日本の子どもの相対的貧困率は13.9％であり、ようやく低下に転じました。子どもの相対的貧困率は過去４回の調査結果（2003（平成15）年、2006（平成18）年、2009（平成21）年、2012（平成24）年）を通じて上昇を続け、2012（平成24）年には16.3％と、過去最高を記録しました。子どもの貧困が社会的に大きな問題となり、2013（平成25）年には「子どもの貧困対策の推進に関する法律」も制定されました。貧困は世代間連鎖が危惧されますが、その連鎖を防止する重要な要素として、子どもに対する教育機会の保障があげられます。日本は、低学歴が低所得につながりやすい社会です。子どもの教育機会を保障することは、学力保障を通じて、低学歴に陥ることを防ぐのみならず、自信や将来への希望、生きる意欲を引き出します。これらのことから、経済面や生活面における余裕のなさから、学習にお金と時間をかけることに困難を抱えやすい生活保護受給世帯の中学生らに学習支援を行うことは、大きな意味があります。

（4） 児童館と放課後児童クラブの違い

放課後児童クラブも児童館も小学生の放課後の居場所であり、遊びを重視する点も共通していますが、放課後児童クラブが小学生の放課後対策に特化した事業である一方、児童館は利用児童を限定せずに、すべての子どもの健全育成を目的とする児童福祉施設です。また、「（1）児童館とは？」で解説したとおり、児童館は子ども自身を対象とするだけでなく、健全育成の基盤となる「保護者の子育て」や「地域の子育て力の育成」を支援するといった幅広い機能を有します。まずは、役割や機能の幅に違いがあると言えます。さらに、放課後の過ごし方を見ても違いがあります。児童館への来館は自由であり、子どもたちは好きな時に来て、好きな時に帰宅します。一方、放課後児童クラブでは、子どもたちは決められた時間をそこで過ごすことになります。このため、放課後児童クラブには、家庭と同様の機能を有する生活の場であることが求められます。求められる場としての意味の違いと言えます。この点も大きな違いです。

（5） 児童館に多様な支援が求められる背景

新聞記事に記されるとおり、児童館は高度経済成長時代に共働きが増加したことにより、子どもたちに安全で安心な放課後の場、遊びの場を与える必要性が生じたことで整備が進みました。しかし、現在の放課後対策は放課後児童クラブが軸となっています。一方で、子どもを取り巻く問題は時代とともに変化し、多様性を増しています。子育て不安、児童虐待、不登校、子どもの貧困、発達障がい、離婚の増加などです。また、これらの問題は、都市部と地方では現れ方に違いもあるでしょう。「（1）児童館とは？」で解説したとおり、児童館は多機能であり、多くの課題に対応できる上、地域に根差していることから、その地域に求められる問題に取り組みやすいと言えます。このような理由から児童館には多様な支援が求められると考えられます。

参考資料

厚生労働省「平成 28 年　国民生活基礎調査の概況」、2017
http://www.mhlw.go.jp/toukei/saikin/hw/k-tyosa/k-tyosa16/index.html（2017.10.23 入手）

厚生労働省「児童館ガイドライン」（平成 23 年 3 月 31 日雇児発 0331 第 9 号）、2011

吉田祐一郎「子ども食堂活動の意味と構成要素の検討に向けた一考察 — 地域における子どもを主体とした居場所づくりに向けて」『四天王寺大学紀要』第 62 号、2016

湯浅誠「名づけ親が言う『こども食堂』は『こどもの食堂』ではない（2016/7/24）」、2016
https://news.yahoo.co.jp/byline/yuasamakoto/20160724-00060184/（2017.10.23 入手）

湯浅誠「『こども食堂』の混乱、誤解、戸惑いを整理し、今後の展望を開く（2016/10/16）」、2016
https://news.yahoo.co.jp/byline/yuasamakoto/20161016-00063123/（2017.10.23 入手）

「『こども食堂』の課題を共有　旭川、イベントに 180 人」朝日新聞、北海道版、2017 年 10 月 9 日号、朝刊、p.28

（藤原　映久）

第4章 保育者が行う家庭支援の原理

記　事

離婚後の親子交流 NPOが支援

離婚後に離れて暮らす親子が会う「面会交流」。面会方法などを話し合う裁判所の調停の申し立て件数は増えているが、親同士の感情のもつれ合いから面会が実現できない場合も多い。「面会交流」の支援に取り組む団体が県内にある。支援員や親子を取材した。

ルポルタージュ おかやま

会いたくない親同士 子のため仲介

面会交流を支援しているのはNPO法人「岡山家族支援センターみらい」(岡山市中区)。2013年、弁護士や家庭裁判所の元調査官ら23人で発足した。

2月中旬の日曜日、センターの支援員で元家裁調査官のAさん(72)は、北区の大型商業施設のフードコートにいた。

市内に住む40代の母親の小学生の長女と長男が、離れて暮らす父親と3カ月ぶりに会う日だった。子どもたちは父親を見つけ、「ひさしぶりじゃね」と駆け寄った。長女が手作りのバレンタインチョコを渡すと、父親はにっこりと笑った。

同席したAさんにも子どもたちは親しげに話しかける。この親子の面会交流に7年以上関わってきたAさん。子どもたちにとって「本当のおばあちゃんのよう」(母親)だという。

支援員立ち会い

母親が現在センターの理事を務めるAさんに面会交流の支援を依頼したのは離婚が成立した09年ごろ。裁判所の調停で「2カ月に1回、元夫に子どもを会わせる」という内容に合意したが、元夫と連絡を取ることも嫌だった。担当の弁護士を通じ、Aさんに支援を依頼した。「(元夫との)会話の間に入ってくれることで気持ちがすごく楽になる。子どもたちが父親に会うのを楽しみにして心から喜んでいる姿を見て、自分の気持ちは横に置き、面会交流をする大切さを感じました」と母親は話す。

子どもたちと離れ、兵庫県に住む父親が、大切に持っているバイキンマンのマグネット

支援員は親同士の間に入って面会の日程を調整。当日は子どもの引き渡しや、立ち会いをする。Aさんの携帯電話には複数の親から絶えずメールが届く。「会いたくないという親同士が多いけど、子どもの視点に立って考え直してもらいたい」とAさん。

信頼を取り戻し

支援を約1年間受けた後、自分たちだけで交流ができるようになった親もいる。

「だんだん彼への信頼が戻ってきたんです」。小学2年の長男と2歳の長女を育てる倉敷市の看護師の母親(33)は話す。離婚後、兵庫県に住む会社員の父親(34)と月1回程度、倉敷駅周辺で会っている。

支援を依頼した15年6月当初、子どもを支援員に預ける際、父親の後ろ姿が見えただけで嫌だった。だが、支援員が要望を聞き入れ、面会時間も守ってくれ、次第に安心して任せるようになった。子どもが父親になついていることを支援員を通じて知り、「自分たちでやってみよう」と思うようになったという。

「怒りが冷めたときに自分たちでやれるようになったんです」。そう振り返る父親は仕事で勝負どころだと思うと、ポケットに入れるものがある。長男が大好きだったバイキンマンのマグネットだ。家族が出て行った時、家に残されたままだった。

「子どもの環境の変化は自分たちに責任がある。せめて父親としてできることをやってあげたい」

面会交流で普段は離れて暮らす父親と一緒に昼食に出かけ、はしゃいでいる長男＝倉敷駅

調停増 高まるニーズ
民法一部改正など背景に

これまで45組の親子を支援してきたセンターのB理事長(74)は「子どもだけでなく親の成長が見られるのが私たちのやりがい」と話す。1年を目安に夫婦だけで交流できるよう自立を促すという。「夫婦の別れが親子の別れになってはいけない。子どもは自分が何者かを知るために、別れて暮らす親のことを知る必要があるんです」

面会交流の支援のニーズは高まっている。

面会交流の調停は、夫婦間の話し合いで面会方法がまとまらない場合などに申し立てることができる。岡山家裁によると、07年に107件だった申し立ては昨年261件と2倍以上に増えた。

調停が増える背景のひとつが、12年施行の民法の一部改正だ。法律で面会交流について「子の利益を最も優先して考慮しなければならない」と明記され、家裁が離婚調停中の夫婦に積極的に勧めるようになった。離婚届にも、面会交流の取り決めの有無について新たに記載欄がつくられた。

早稲田大学の棚村政行教授(家族法)は「共働きの夫婦が増え、子どもが小さい頃から父親が子育てに関わるなど、父親の子どもへの関心が変化してきたことが調停増加の背景にあるのではないか」と指摘。「調停での合意が守られるような支援や法整備が必要。民間ボランティアへの助成など、行政と民間が連携する必要がある」と話す。(村上友里)

県内の面会交流調停の申し立て件数

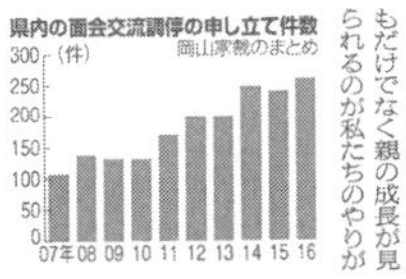

全国に40団体 4年で倍増

棚村教授によると、面会交流の支援は、1994年に公益社団法人家庭問題情報センター(東京都)が取り組んだのが始まりだという。全国に広がり、2012年に約20団体、昨年約40団体となった。団体は、▽弁護士や元家裁調査官ら司法関係者▽離婚経験がある父母ら当事者▽臨床心理士ら心理福祉関係者、と中心となるメンバーによって3種類に大別されるという。

ルポルタージュおかやま 随時掲載します

世の中で今、何が起きているのか。記者が岡山のニュースを深掘りして伝える「ルポルタージュおかやま」を随時、掲載します。

出典：2017年4月7日朝日新聞

1.「面会交流」とはなにか調べてみましょう。

2. 1994（平成 6）年にわが国で批准された「子どもの権利条約」について調べてみましょう。

3. 同条約の「子どもの最善の利益」とはなにか調べてみましょう。

4. 家庭裁判所の役割について調べてみましょう。

5. 家族、家庭の役割について調べ、あなたの意見を記入してください。

6. この記事を読んでの感想を記入してください。

7. 解　説

（1）「面会交流」とは

わが国では、離婚は「協議離婚」、「調停離婚」、「審判離婚」等があります。「協議離婚」は当事者が合意し、離婚届に捺印後、市町村へ届けることにより、「婚姻」は解消されます。しかし、当事者が合意できない場合、家庭裁判所で調停離婚（話し合い）や家庭裁判所の命令等で「審判離婚」することがあります。

この離婚時に20歳未満の子どもがいる場合、父か母どちらかが「民法」で規定している「親権者」になることが義務付けられています。乳幼児の子どもの場合は、母親等が「親権者」になることが多く、養育費を放棄する場合、子どもと父親等との交流を謝絶するケースが珍しくありませんでした。一般的に親権者でない親等は子どもが20歳になるまで養育費等の義務があります。しかし、子どもと離婚後会えない親等が多くいました。

「面会交流」とは、親権がない親が子どもと交流することを権利として「民法」で定められています。面会の場所や頻度は当事者の親が決めることが多いですが、その時に重要なのは「子どもの最善の利益」を考慮し、子どもの人権等に配慮した「面会交流」が求められています。

（2）1994（平成6）年にわが国で採択された「子どもの権利条約」について

1979（昭和54）年に国連では、「国際児童年」を設け、世界的に児童の人権等の認識が高まった時期でした。この時期に、国際連合の人権委員会に権利条約作業部会を設け、この条約の議論が開始されました。その後、1989（平成元）年の第44回国連総会で「児童の権利に関する条約」（子どもの権利条約）が採択され、特にこの条約では、子どもに対して大人と同じ人格権を保障しました。例えば、「意見表明権」、子どもは自分の思っていることを大人等に表明する権利があり、大人は尊重することが求められています。また、「プライバシーの保護」にあるように子どもといえども本人の了解なしに、鞄の中や机の引き出しを開けることはできません。また、「児童労働の禁止」や「兵役の禁止」等も規定しています。

（3）同条約の「子どもの最善の利益」とは

「子どもの最善の利益」とは、子どもが主体であり、本人が何を望んでいるのか、本人が何をしたいのかが重要であり、大人は子どもの気持ちを汲み取り、尊重しなければなりません。子どもの生活やこれからの人生にとって最善の手を私たちは考え、行動する義務があります。「子どもの権利条約」では、第3条に「児童に関するすべての措置をとるに当たっては、公的若しくは私的な社会福祉施設、裁判所、行政当局又は立法機関のいずれによって行われるものであっても、児童の最善の利益が主として考慮されるものとする」と規定しています。

（4）家庭裁判所の役割について

家庭裁判所の権限は、「裁判所法」第31条の3第1項で規定されています。この裁判所で対応するのは、離婚や相続等の家庭の紛争を解決する「家事調停」、「家事審判」などを行うことです。また、少年の犯罪等に対して、必要な調査や環境調整を行い少年審判も同時に行う裁判所です。この裁判所には、専門職として「家庭裁判所調査官」が置かれ、先述した家庭問題や少年犯罪等に対して、現状を調査します。当事者等において、必要な対処を検討し、その結果を裁判官に報告することが主な業務です。裁判官は、その調査結果に基づいて、当事者等に命令を下すことになります（審判）。

（5） 家族、家庭の役割について

「民法」第820条では、「親権を行う者は、子の利益のために子の監護及び教育をする権利を有し、義務を負う」と規定しています。これは、保護者等が子どもを養育、教育する権利と義務があることを意味します。また、人類学者のフォックスは、①女性が子どもを産む（生殖）、②子どもを産むために異性のパートナーを必要とする、③生まれる子どもは、一定期間誰かによって保護されることが必要である[1]と主張し、家族の役割をわかりやすく説明しています。現在では、家族、家庭は所属員の安らぎの場であり、子どもに対しては和やかな家庭環境のもと、健やかに暮らす権利があり、もし、保障できない場合は社会的養護として「里親」、「特別養子縁組」、「乳児院」、「児童養護施設」等があります。

注

1）　松井圭三編著「家庭支援論」大学教育出版　2012年　p.1

（松井　圭三）

笑顔の娘 川に落とした

小さないのち
奪われる未来 2

育児疲れ 母「いなくなるしかない」

「この子をこのまま置いておくわけにはいかない」

不機嫌になっていく交際相手の様子を見て、24歳（当時）の女性はそんな気持ちになっていった。

3歳の一人娘は、別れた元夫との子ども。同居を始めた男性は、徐々に娘の存在をうるさがるようになっていた。この朝も不機嫌になってトイレに閉じこもると、ドアを殴って壊した。

夕方、保育所に娘を迎えに行った後、まっすぐ帰宅せず、近所の実家に寄った。母に預かってもらいたかったが、娘が風邪気味でできなかった。

午後8時前、自宅アパートに戻った。食器を片付けようと台所に行くと、娘が泣き始めた。眉間《みけん》にしわを寄せ、大きなため息をつく男性を見て、娘とアパートを出た。子どもを預けられそうな施設をネットで探したが、見つからない。「この子がいなくなるしかない」。そう思い詰めた。

午後10時過ぎ。近くの川に架かる橋のそばに車をとめ、娘を両腕に抱いて橋の欄干に立たせた。

車が通るたび、娘を欄干から降ろす。3度目、娘を抱く手を伸ばし、宙に浮く状態にしてみた。川面からの高さは4㍍以上。娘はにこっと笑い、突然こう言ったという。

「バイバイ」

手を離した。ドボンという音が聞こえたが、車まで走った。自宅前で車を止めると車内で少し泣き、部屋に戻った。

翌日、橋の約1㌔下流で女の子の遺体が見つかった。3歳の誕生日を迎えたばかりだった。

母親が3歳の娘を落とした橋。午後10時を過ぎると人通りはほとんどない＝小玉重隆撮影

事件は２０１４年、日本海側の人口約8万人の地方都市で起きた。弁護士や親族らの証言、事件後に県がつくった「検証報告書」などをもとに、その経緯を追った。

女性は21歳で娘を出産したが、夫の家庭内暴力もあり、離婚。その後、相談相手だったアルバイト先の男性と同居を始めた。

女性は娘の発達に不安を抱えていた。周囲の子より遅く歩き始め、言葉もなかなか出ない。アトピーとぜんそくの持病もあった。かかりつけ医だった小児科医に「なんでうちの子は弱いの?」と何度も聞いた。小児科医は「精いっぱい育児していた印象」と話す。

「育児に疲れてイライラする」。事件の2カ月前、女性は市役所を訪れ、泣きながら相談員に悩みを打ち明けた。相談員は「１日１回、抱きしめてあげて」と声をかけた。女性は毎日抱きしめてみた。娘は最初は喜ぶ様子を見せたが、育児のストレスは消えなかった。

相談から約1カ月後。娘が発熱し、迎えに来るように保育所から電話がきた。だが女性は「もう無理」と泣きじゃくって電話を切り、引き取りを拒んだ。

市に連絡が入り、児童相談所（児相）は娘を一時保護する方針を決めた。しかし、実家の祖母が保育所に向かい、娘を引き取ったため、決定は取り消しになった。1カ月後、事件は起きた。

法廷で女性は「橋から落としてしまうことしか考えられなかった。最低なママでごめんなさい」と涙を流しながら語った。

この夏、女性の父親が取材に応じた。育児に悩んでいた女性に「焦るんじゃないよ。笑える時がくるから」と言い続けたという。どうにもならない時は「絶対に親に相談してくれるというおごりがあった」と悔やむ。女性が市に相談していたことは事件後に知った。「最優先は命。それだけを救いたかった」

女性は懲役9年の判決を受け、服役中だ。両親への手紙には、常に謝罪の言葉が並んでいるという。

事件の経緯

検証報告書や関係者への取材から

2011年11月	娘を出産
2014年	
2月	離婚。その後、交際相手と同居
初夏	育児ストレスから娘を施設に預けたいと考えるようになる
9月	市に「育児に疲れてイライラする」と相談
10月	保育所への迎えを拒否。電話にも出ず
	市や児相の会議で「見守り強化」を決める
11月	夜、自宅近くの橋の欄干から娘を落として殺害。翌日「娘がいなくなった」とうそをつくが、遺体発見後に犯行を認める

夜間対応 広がらず

「子どもを見るだけでなく、親の気持ちを行政が受け止めないと、こういう事件は防げないかもしれない」。事件の担当弁護士は振り返る。虐待に詳しい西澤哲・山梨県立大教授は「保育所の迎えを拒否したことを重く受け止め、保護するべきだった。『育てられない』という親を説得して同居を続けさせ、虐待死させた事例はこれまでにもあり、児相はもっと専門性を高めるべきだ」と話す。

事件後、市は相談員を増員し、子育て支援センターも増やした。一方、今年できた検証報告書で、県は児相の体制不備を指摘されたが、児童福祉司の人員は現時点で当時と変わっていない。今もこの地域では夜間に育児の悩み相談に対応する窓口はない。

全国を見渡すと、進んだ取り組みもある。

「子どもがかわいいと思えない。私は普通じゃないのでは」。福岡市の児相には、このような電話が子どもの寝静まった深夜にかかってくる。24時間態勢で臨床心理士らが待機し、虐待対応に加え、育児相談にも応じる。じっくり話を聞き、「そういう人もたくさんいますよ」などと助言すると安心する人が多いという。相談の約3割は夜間帯だ。

厚生労働省は昨夏、虐待通告などを24時間受ける短縮ダイヤル「１８９」を設け、近くの児相に電話がつながるようにした。だが、その対応はまちまちで、夜間は緊急の虐待事案だけに対応し、通常の相談に応じる態勢までは整えられていない自治体も多い。

（山本奈朱香、田中恭太）

出典：2016年10月17日朝日新聞

1．「児童相談所」の役割とはなにか調べてみましょう。

2．2008（平成20）年に「児童福祉法」改正で規定された「地域子育て支援拠点事業」の「地域子育て支援センター」の役割について調べてみましょう。

3．保育者が行う家庭支援は数々あります。ここでは、その1つを調べてみましょう。

4. 保育所において保護者等が子どもの迎えを拒否したとき、保育者としてなにをすべきか考えてみましょう。

5. この事例に対して、利用できた社会資源はなにか調べてみましょう。

6. この記事を読んでの感想を記入してください。

7. 解　説

（1）「児童相談所」の役割とはなにか調べてみましょう。

「児童福祉法」第12条に同相談所は規定されています。業務は、市町村に対しての連絡調整、情報提供、市町村職員等の研修を行っています。具体的には、児童（障がい児も含む）、妊産婦等の相談等を行い、支援する専門機関であり、都道府県、政令指定都市に置かれ、中核市、東京23区にも置くこともできます。また、児童、家庭等の調査や医学的、心理学的、教育学的、精神保健上の判定を行い、児童福祉施設や里親の委託、解除、「特別養子縁組」に対する支援を行っています。児童虐待の窓口でもあり、「立ち入り調査」、「一時保護等」も業務の一つです。

子どもの非行においても、同相談所が対応し、家庭裁判所等と連携し、子どもの健全育成も担っています。専門職として相談業務を行う「児童福祉司」、児童の心に寄り添う「児童心理司」が置かれ、医療、保健、リハビリ等の専門職と連携、協働も同相談所の役割として位置づけられています。

（2）「子育て支援センター」とは

「児童福祉法」第21条の9に「子育て支援事業」の実施が規定されており、市町村は児童の健全育成のため「地域子育て支援拠点事業」等の実施が義務付けられています。具体的には、市町村から保育所、児童館、認定子ども園等に委託され、「保護者等のつどい」や情報交換、子育てについての相談、助言等を行っているほか、地域サークル活動や育児講座も実施しており、利用料は無料です。加えて、地域の保育所、児童相談所、福祉事務所、児童家庭支援センター、民生委員、児童委員、医療機関等と連携しており、複雑なケースの場合、連絡調整を行っています。

（3） 保育者が行う家庭支援とは

例えば先述した「子育て支援センター」や児童館のような「児童厚生施設」があります。児童館は、「児童福祉法」で規定され、地域の子どもたちや保護者等に開放されています。同館は利用施設であり、子どもたちの健全育成を目的としており、「遊技場」や「図書室」等も備えており、遊びや勉強を側面から支援しています。職員は、児童の遊びを指導する者が置かれ、その職員の任用資格のうちには「保育士」資格を有する者も入っています。また、保護者等の子育て相談や保護者の集い、学童保育等も実施されており、地域の子育ての拠点となっています。

（4） 保育所において保護者等が子どもの迎えを拒否したときの対応事例

一般的には、すぐに保護者等に連絡を取り、迎えを拒否した事実を確認しなければなりません。仕事により、迎えができないのか、またネグレクト（育児放棄）が原因で迎えができないのか、保育所は必要に応じて緊急に対応しなければなりません。そして、後者のネグレクト（育児放棄）の場合は、児童相談所に連絡し、児童福祉司等により一時保護をすべきです。家庭問題、夫婦の問題から生じる課題については、児童相談所に委ね、保育所は側面から支援する役割が求められています。

（5） 利用できる社会資源とは

「児童相談所」、「子育て支援センター」、「保健所」、「福祉事務所」、「児童家庭支援センター」、「民生委員、児童委員」、「家庭児童相談室」等が社会資源です。この他に専門職、児童福祉司、児童心理司、保育士、社会福祉主事、家庭相談員等も該当します。社会資源とは、生活問題を改善するために利用できる「機関」、「施設」、「専門職」、「公的サービス」、「情報」、民間のNPO、ボランティア、地域住民、家族、情報等あらゆるものを指します。したがって、ここでは「機関」、「施設」を例にあげましたが、この他にも存在します。各自で検討してみてください。

（松井　圭三）

第5章 現代の家庭における人間関係

記 事

摂食障害 独りじゃない

当事者語る「上手につきあおう」

極端な食事制限や過食といった摂食障害を知っていますか？ ストレスなどが原因で、周囲に打ち明けられない人もいます。専門医らでつくる日本摂食障害協会は、今月から無料の相談対応やセミナーを始めることになりました。

昨年から始まった世界摂食障害アクションデイ（6月2日）に合わせ、日本摂食障害協会は先月4日にイベントを開いた。そこでは、当事者たちが自らの体験を明かした。

東京都の会社員、Aさん(27)は、大学2年生だった7年前にダイエットを始めた。股関節の手術後に参加した患者会で、「太っているから治りが遅いのよ」と言われたのがきっかけだった。

身長１５５㌢で、当時の体重は57㌔。ジムに通って少しやせたころ、好意を抱いた男性からの「もっとやせたほうがかわいい」という一言が、ダイエットを加速させた。

朝食は紅茶1杯だけ。昼食は炭水化物や肉を控え、夜は豆乳1本。大学4年生の春、体重は34㌔になっていた。

やせたいという思いはあるものの、体は「飢餓状態」。一転して過食が始まった。

コーンフレーク1箱、板チョコ6枚、菓子パン10個……。深夜から明け方まで食べ続け、太るのが怖くて吐き、また食べた。1年ほどで体重は32㌔増えた。

体重をコントロールできない自己嫌悪や、どうにもならないつらさをわかってもらえない孤立感から「死にたい」と思ったAさんを救ったのは、「あなたが死んだら僕は悲しい」という医師の言葉だった。「こんな私でも生きていていいんだ」と思えた。

服薬と認知行動療法の治療を精神科で受けるうちに、小さいころから「いい子」で完璧を目指し、それでも認めてもらえないと思っている自分に気づいた。

子どもたちへの食育ボランティアで「先生」と慕われ、就職も決まって自信を取り戻せたころから、吐く回数が減っていった。

今も過食することがある。以前と違うのは「上手に病気とつきあい、ありのままの自分を受け入れよう」と思えることだ。2年前から、料理を作る楽しさを体感しながら摂食障害について学び合うワークショップを開いている。

千葉県の会社員、Bさん(24)は、中学時代から拒食と過食を繰り返して約10年。身長１６１㌢、体重44㌔の今より「もう少しやせたい」と思っている。

広報担当で取引先と会食する機会も多い。「先約があるので」と度々断るのも相手を不快にさせると思い、入社して3カ月後の昨年冬、上司にこう打ち明けた。

「摂食障害って知っていますか？ 実は食べるのがつらいんです」。上司は「つらいことはしなくていい。調整していいよ」。以来、カフェでの打ち合わせを提案するなどしている。

「食事が苦手なだけで、コミュニケーションはしたい思いを受け止めてもらえ、楽になった。がんばらず生きることが大事。今はそう思える」 （森本美紀）

出典：2017年7月4日朝日新聞

1. 日本において、この約 100 年間で家族のメンバー数は増加しているのか、減っているのか、どちらでしょうか。その理由も考えてみましょう。

2. 摂食障害とは、どんな症状ですか。

3. 摂食障害は、家庭における人間関係と関係があると思いますか。

4. 記事の中で「太っていることを過度に気にし、ダイエットが加速した」という内容がありました。なぜ太ることをこれほど気にすると思いますか。その理由を挙げてください。

5. 解　説

（1） 摂食障害とは

摂食障害には食事をほとんど摂らなくなる拒食症と、極端にたくさん食べてしまう過食症があり、両タイプとも女性が90%を占めています。拒食症は体重が極端に減り、生理もこなくなります。低栄養によるさまざまな症状が出て、死に至ることもあります。過食症は、食べ始めるととまらなくなり、そして吐くことを繰り返します。摂食障害は食事の量がコントロールできないため、心身ともに深刻な悪影響をもたらします。

記事の中に、男性から「もっとやせたほうがかわいい」と言われたことが、更なるダイエットの発端になっていました。日本には摂食障害を引き起こす背景として、女性はやせていることが求められる文化があると思われます。

（2） 家庭における人間関係と摂食障害

摂食障害を引き起こす原因は、よくわかっていません。本人側の自信が持てない、こだわりが強い、完璧主義、不安やうつ傾向などの問題と、周囲からうけるストレスや家庭環境、環境の変化など、いろいろな要因が重なっていると考えられています。また、最近では低血糖症などの身体の問題からも起こると報告されています。

家庭における人間関係に注目すると、親との関係、特に母親が摂食障害に関わっていると言われています。親が子どもを過剰に押さえつけ監視してしまうと、子供の自尊心が育たないまま大人になり、発症に至ったり、親から多大な期待をかけられたことにより、プレッシャーを受け、それが強いストレスになり、発症へとつながっていきます。

また親が子どもにどのように関わったかだけでなく、両親の関係が不仲であったり、父親が子育てに参加しなかったことも影響すると言われています。母親と父親それぞれが子どもとどのように向き合ってきたのか、両親の関係が良好であったのかなど、家庭における人間関係が子どもの摂食障害と少なからず関係していると考えられます。

（3） 摂食障害への支援

摂食障害は原因がわからず、また思春期に発症することも多いので、当人そして家族も困惑の度合いが高いものとなります。

摂食障害を治療するための支援は、公的機関や民間機関で提供されています。具体的には、精神保健福祉センター、保健所、保健センター、精神科医療機関、民間の相談機関、家族会・自助グループなどがあります。摂食障害のメカニズムを知り、適切な治療に結びつけていくことが大切です。

（西　朋子）

記　事

ウチの働き方改革

「子育てパパママ」疑似体験

仕事を強制終了 キリンが社内実験

「娘が発熱」業務は同僚に

7月中旬、都内の取引先に向かっていたビール大手、キリンの人事総務部主幹、A　さん(53)の携帯電話に見知らぬ番号から着信があった。打ち合わせを控えた午前10時前のことだった。

急いで通話ボタンを押すと、聞き慣れぬ声で「保育園です。娘さんが発熱したのでお迎えをお願いします」。仕事で頭がいっぱいだったAさんは思わず強い口調で言い返した。「ええっ、今からですか?」。

小さい子供がいる共働きの夫婦らにとっては珍しくない話だが、Aさんの3人の子供はもう手のかからない年齢になっている。

実はこれ、人事総務部の6人が取り組んだ1カ月限定の子育てシミュレーションのひとこま。呼び出しを装った電話は作り話だ。1カ月の期間中に予告なしで1回かけるよう、グループ会社の人事担当者にあらかじめ頼んでおいた。

呼び出しの電話がかかってきたら、その日はそこで仕事を終えないといけないルール。Aさんは電話を切ると、同行していた同僚に打ち合わせを任せて、そのまま帰宅した。午後には親会社キリンホールディングスの磯崎功典《よしのり》社長への説明が入っていたが、こちらもやむなく同僚に委ねた。

6人には、勤務時間を午前9時から午後5時半までとする制限も課せられた。パソコンを持ち帰っての夜間の仕事は禁止で、残業や飲み会への参加は週に1回まで。共働きで小さい子供を育てている設定で仕事をこなした。

「こうした状況が毎月続くことを考えると、本当につらいですね」。シミュレーションを終えたAさんは子供が小さかったころを思い出し、いかに専業主婦の妻に子育てを任せきりだったかを痛感したという。

「介護版」も拡大へ準備

キリンはなぜ、こんな取り組みを始めたのか。きっかけはグループの営業部門で働く若手女性社員の提案だった。傘下のキリンビール、キリンビバレッジ、メルシャンの3社の女性社員5人が昨夏、異業種が集まる社外の勉強会に業務の一環で参加。生産性向上に向けた提案を求められ、子育てママの疑似体験を思いついた。

発案者の一人、キリンビバレッジの　B　さん(31)は「将来の子育てへの不安が発想の原点」と話す。3社で子育てをしながら営業の一線で働く女性社員は10人ほどしかいない。「子供は欲しい。でも、もし生まれたら営業の仕事を続けられるか心配でした」

仕事と子育ての両立の大変さは頭では分かっていても、実際にやってみないと実感は持てないし、理解も深まらない——。同じ不安を抱えていた5人はそう考え、ママになりきって働く1カ月の疑似体験に挑戦することに。「子供のいないお前が、なぜこんなことをやるんだ」。いぶかしむ上司もいたが、どうにか周囲を説得した。

Bさんが心がけたのは、時間の有効活用と同僚との情報共有。仕事が午後5時半までと決まっているので、営業先との直行直帰を増やして移動時間を減らし、書類づくりは空き時間にカフェで。こなすべき業務をリストにしてパソコン上で上司や同僚も見られるようにした。早い段階で仕事へのアドバイスをもらいやすくなり、無駄な作業が減って効率が上がった。こうした工夫のおかげか、労働時間が減っても業績は落ちなかったという。

5人はシミュレーションをリポートにまとめた。題して「なりキリンママ」。異業種勉強会で発表し、31チーム中の最優秀に選ばれた。自信を深めた5人は今春、「自分たちで終わらせてはもったいない。全社的に進めてほしい」と磯崎社長らに直談判し、経営陣からゴーサインをもらった。

対象となる正社員は約６５００人。いきなり全員に広げるのは難しい。まずは人事総務部で試行し、来年1月から交代で毎月最大２００人に体験してもらう予定で、正社員全員が一度は体験することをめざす。呼び出しの電話を自動の音声連絡にして介護のパターンなどを加えたり、仕事の予定を同僚と共有しやすくするためにスケジュールを簡単に入力できるシステムを構築したりと、本格導入に向けた準備も進めている。

人事総務部の　C　さんは「少子高齢化が進み、誰もが制約のある働き方を求められる可能性が高まっている。その中でも生産性の高い職場が生まれることを期待している。興味をもつ他社にノウハウを提供することも考えている」と話す。

（土屋亮）

出典：2017年8月28日朝日新聞

1. 現在の日本は、子どもがなかなか生まれない社会になっています。働く母親の子育てについて、どのようなイメージをもっていますか。思いつく項目を書きだしてみてください。

2. 育児休業制度は、どのような人たちが利用できますか。

3. 産前産後休業制度とは、どのような内容ですか。

4. 記事の中で仕事をしながらの子育ての苦労が書かれていましたが、あなたは仕事と子育てを両立させるには、どのような制度があればよいと思いますか。

5. 解　説

（1） 育児休業制度・子の看護休暇制度について

労働者は、申し出ることにより、子が1歳に達するまでの間、育児休業をすることができます。保育所等の入所理由の場合、さらに、2歳まで休業できる場合もあります。また、小学校就学前の子を養育する労働者は、申し出ることにより、1年に5日（学齢未満児2人以上の場合は10日）まで、病気・けがをした子の看護のために、休暇を取得することができます。どちらにしても、本人が雇われている会社等に申し出る必要があります。

この制度は、①雇用された期間が1年未満、②1年以内に雇用関係が終了する、③週の所定労働日数が2日以下の方は育児休業を取得できません。また、日々雇用される者は対象になりません。誰でも利用できるわけではない点をおさえておきましょう。

厚生労働省によると2016（平成28）年度の育児休業制度の取得率は男性3.16%、女性81.8%で男女とも前年度より微増です。男性は過去最高の取得率ですが、その値はとても低く、男女の差は大きいです。女性は働いていても、多くの育児を担っていることがうかがえます。厚生労働省は2020年度までに男性の育休取得率を13%にする目標をもっていますが、達成は難しいと思われます。今後、外部有識者会議で男性の育休取得率を上げる施策を検討するそうですが、社会全体で、男性の働き方を子育てしやすいようにどう変えていくかを考える必要があると思います。

記事では、男性社員と子どもがいない女性社員にとって、子育てと仕事の両方をこなすことがどれだけ難しいことなのかを、新しい試みを通して実感できる仕組みを提案しています。社会には女性の社会進出をさらに進めようというかけ声はありますが、働く環境そのものが子育て中の人にとって厳しいものであり、変えていかなければならないことを、ユニークなやり方で示しています。企業側から母親に集中する子育ての役割を問題提起していくことは社会を変えていく大きな力になりうると思います。

（2） 産前産後休業制度について

母体保護の見地から認められている制度で、「労働基準法」で定められています。産前は出産予定日を含む6週間以内、産後は8週間以内です。産前の休業については本人が会社に申請しますが、産後休業は本人の申し出に関係なく6週間は就業させることができません。この制度はパート社員、派遣社員、契約社員など誰でも利用できます。

（3） 介護休業制度について

さらに休業制度として、介護休業制度があります。労働者は、申し出ることにより、要介護状態にある対象家族1人につき、上限を3回までとする分割取得を可とする介護休業が制度化されました。期間は通算して93日までです。

（西　朋子）

第6章　地域社会の変容と家庭支援

記　事

子育て 孤立する母子

(下)

東京都世田谷区のマンションで、A　さん(三四)はゼロ歳の次女の夜泣きで目を覚ました。一歳の長女も「ママー、ママー」とぐずりだす。すると隣に住む男性から壁越しに「うるせー」と怒鳴られた。涙があふれてきた。「連日の寝不足に情けなさが重なって…」

誰かに助けを求めたい。文京区で同じくゼロ歳の長男を育てる　B　さん(三七)も、そんな衝動を味わってきた。母乳を与え、おむつを替えても泣きやまない長男に、どうしてよいか分からなくなる。日中は母子二人きり。「子どもはかわいいけど、こんなに大変とは知らなかった」

孤立した子育ては、虐待の引き金になりうる。国の調査によると、子どもが虐待で死亡した家庭の七割は、近所付き合いがほとんどなかった。

虐待家庭の7割 近所と疎遠

東京での子育ては条件がより厳しい。三世代同居の割合は全国最低の2・2%。勤労者の平均帰宅時間は最も遅い午後七時四十五分。親にも夫にも頼りにくい。都監察医務院の統計では、二〇一四年までの十年間に東京二十三区で六十三人の妊産婦が産後うつなどで自殺している。

追い込まれる母子を支えようと、「ネウボラ」と呼ばれる試みが官民で始まっている。フィンランド語で「助言の場」という意味。妊娠中から子育て期まで、保健師らが継続して相談に乗る仕組みだ。導入する文京区では、生後間もない子どもと母親が家庭に引きこもらないよう、母子同士が交流できる場も設けた。

◇

親が気持ちをはき出せる場を持つのと同時に、親自身にも子どもの気持ちに寄り添ってもらい、虐待を防ごうとする取り組みも広がる。

「親が子どもに寄り添える場を」

育児情報誌編集長の高祖常子さん(五六)は保護者向けに各地で講座を開く。強調するのは、子どもの立場で考えることだ。

例えば、子ども同士がおもちゃを取り合う時、親は「貸してあげなさい」と叱りがちだが、高祖さんは「その時、子どもはどんな気持ちでしょうか」と受講者に問い掛ける。すると「僕はこれで遊びたいのに」「ママは私の味方じゃないの?」と子ども目線の声が上がり始める。

「親が子どもの気持ちに気づき、受け止めることで、子どもが落ち着き、親自身のストレスも軽減されていく」。高祖さんはそんな「良い循環」に期待をかける。「社会が親のつらさを理解して支え、親も子どもの気持ちを受け止める。そこから、子どもを守れる社会が始まる」

(柏崎智子、小林由比、奥野斐が担当しました)

出典：2017年1月10日東京新聞朝刊

1．記事を読み、その内容に関連することについて調べてみましょう。

記事で触れているように、人びとの暮らしが変化し、地域の子育てを取り巻く環境も変化してきています。以下の（1）～（4）のキーワードに沿ってどのように人々の暮らしが変化し地域での子育て環境に影響しているのか調べてみましょう。

（1）まず、地域での暮らしが変化してきたことの1つの要因として「地域を構成する人びと」が変化したと言われています。どのように変化したのでしょうか。

（2）地域の暮らしが変化してきたことの要因の2つ目として、「家族の形」が変化したと言われています。どのように変化したのでしょうか。

（3）（1）（2）のような地域を構成する人びとや家族の形の変化は、人びとの「働き方」や「働く場」が変化してきたことが一つの要因と言われています。我が国では人びとの「働き方」や「働く場」はどのように変化したのでしょうか。

（4）　記事にあるような子育ての孤立化が進んでいる背景にはどのような理由があげられるでしょうか。

2．この記事を読んだ感想をまとめてみましょう。

3．解　説

（1） 地域を構成する人々の変化

地域社会を変えた第一の要因は、地域の人びとや家族の年齢層の変化です。具体的には、総人口に占める65歳以上の割合である高齢化率が、1950（昭和25）年には4.9%だったのに対し、2016（平成28）年には5倍以上の27.3%になっています。また一人の女性が生涯に産む子どもの推計人数である合計特殊出生率は、1949（昭和24）年には4.32でしたが、2016（平成28）年には1.44となり年間出生数も減少しています。このように、地域の年齢構成も「少子高齢化社会」になっているのです。

（2）「家族」の形の多様化、世帯構成の変化

地域社会を変えた第二の要因は、家族構成の変化です。住居および生計を共にする家族は「世帯」と呼ばれ、単独世帯、核家族世帯、三世代世帯、その他に分けられます。この30年間の推移をみると「単独世帯」が増加し、「三世代世帯」が減少しています。核家族数に大きな変化はありませんが、「夫婦と未婚の子のみ」の世帯が減少し「夫婦のみ」と「ひとり親と未婚の子のみ」の世帯の割合が増加しています。

これらの背景として、65歳以上の高齢者世帯で「単独世帯」と「夫婦のみ世帯」が過半数を占めていることや、50歳まで一度も結婚したことがない人の割合である生涯未婚率が、この40年間で男性は約5倍、女性は約3倍に増加したことなどがあげられます。また、離婚率の増加により「ひとり親と未婚の子のみの世帯」が増加しているとともに、夫婦の意思で子どもを持たない夫婦のみの家族の形（DINKs）や再婚、養子縁組、里親制度などの血縁関係がない親子の形も増え、家族の形は多様化しています。

（3） 産業構造の変化による地域や家族の変容

かつての農業や漁業（第一次産業）中心の日本社会では、女性や子どもも家業を手伝い「人々の働く場所＝自分の住んでいる地域」でした。仕事、子育てなど全てが地域の中で行われており、人びとは強いつながりのなかで生活していました。

しかし、戦後、急速に産業化、都市化が進み、人びとの暮らしや働き方、家族の形も変化してきました。特に、1950年代から1970年代の高度経済成長期には、多くの人びとが建設業や製造業（第二次産業）、流通、サービス業（第三次産業）に従事するようになり、農村から都市に移り住んだ人びとが「核家族」になりました。そして、生活の場と働く場が分離したサラリーマン家庭は、夫は外で働き、妻は家事や育児、介護を担う専業主婦という「性別役割分業型家族」の形になったのです。現在は、共働き家庭が増加し、夫婦が協力しあう「協業型家族」へと変化していますが、男性は仕事、女性は育児や家事を担うべきであるという考え方も根強く残っています。

（4） 子育てが孤立する背景

（3）で述べたように、生活の場と働く場が分離した現在、地域での人々のつながりは希薄になり、子育てが孤立しやすい状況になっています。また、家族構成員の減少や、子ども自体の数が少なくなったことで、家庭で子育てを共に担う人の数や子どもを通した保護者同士の関わりの機会も減少しています。

さらに、共働き家庭が増加しているにもかかわらず、各国比較を見ても、日本の男性の家事・育児時間は少なく、大半を女性が担っているのが現状です。男性の長時間労働や「男は仕事、女は家庭」「3歳までは母の手で」という考え方の名残も、ますます母親が子育てを一人で担い、孤立していく要因になっているのです。そのため、記事にあるような民間の支援団体も含め、保育所・幼稚園・認定こども園・地域子育て支援センターなどの様々な機関が子育てを支援し、地域でのつながりを深めていく拠点となっていくことが期待されています。

（北澤　明子）

記 事

広まる「子ども食堂」

大人含めた居場所に

温かいごはんをみんなでわいわい食べよう——。経済的な事情で食事が十分にとれなかったり、独りで夕食をとっていたりする子どもたちに、無料か格安で食事を提供する「子ども食堂」が全国で急速に広まっている。子どもだけでなく、大人も含めた地域の居場所を作ろうとする新たな動きも出てきた。

「給食が1日の栄養源」「親が夜も働き、夕飯は1人でコンビニ弁当」。「子ども食堂」は、そんな子どもたちに食事を提供する場所だ。首都圏を中心とする「こども食堂ネットワーク」に参加する食堂は、昨年4月の7カ所から今年4月には63カ所に急増。全国では100以上あるとみられる。

多くはNPOやボランティアが運営している。週1回、あるいは月に1、2回開かれ、子どもは無料か200～300円、20～30食ほどが提供される場合が多い。場所は寺や教会、個人宅や休業日の飲食店、公民館などの公共施設など。寄付を募ったり、地元から食材を提供してもらったりする。担い手には、これまで市民活動に関わってこなかった人も多い。

こども食堂ネットワーク事務局の A さん(39)は急増の背景をこうみる。「子どもの貧困がメディアで報じられ何かをしたいと思う人が増える中、ごはんづくりは気軽にできる」。ネットワークは昨夏以降、「つくり方講座」を何度か開き、先輩食堂が体験談や運営方法を説明してきた。

貧困率に衝撃

2014年に厚生労働省が発表した国民生活基礎調査のデータは多くの人に衝撃を与えた。国民全体の真ん中の人の所得の半分に満たない人の割合を示す相対的貧困率が日本の子どもは12年に16・3%に達したからだ。ユニセフの同年の報告書によると、日本の子どもの相対的貧困率は先進35カ国中高いほうから9番目で、今年4月の発表では、下から10%の子どもと真ん中の子どもの所得格差は先進41カ国中ワースト8位。OECDによると、日本のひとり親世帯の相対的貧困率(09年)は50・8%で加盟34カ国中最悪だ。

昨年4月から東京都練馬区で月2回「ねりまこども食堂」を開くフリーアナウンサーの B さんも、そんな貧困の実態に驚き、食堂を始めた。最初は利用者は少なかったが、メディアで紹介されると、用意した食事を大幅に上回る人が訪れた。本当に必要とする人に来てもらいたいと気持ちを伝える手紙を利用者に送ると人数は落ち着き、現在は約30食を準備している。運営ボランティアは20人弱。野菜は区内の農園や農業体験農園からの提供。

「試行錯誤しつつ、いい形になってきた」と B さんは言う。「どういう食堂にしたいかをきちんと決めることが大事。地域の人々を巻き込み、力を借りながら運営することが重要です」

地域との接点

支援を必要とする子どもたちに食堂へ足を運んでもらえるかどうかは、多くの運営者が抱える悩みだ。「貧困」が強調されると、利用者にレッテルが貼られてしまうと心配する声もある。

そこで食事の提供だけでなく、地域の子どもたちの居場所を、さらには大人も含めた地域のつながりの場所を作ろうとする動きも出てきている。4月25日に東京都府中市で食堂を開いた「子どもの居場所づくり@府中」があえて名前に「食堂」を入れていないのは、そのためだ。

代表で作業療法士の C さん(53)は昨夏、地元に虫歯が治療できず食事のとれない幼児がいると知り、ショックを受けた。市役所に通い、府中の子どもの貧困の実態を調べるうちに見えてきたのは、貧困、不登校などが理由で、社会とのつながりが持てない孤独な子どもたちの姿だった。何かできないかとSNSで仲間を募ると、いろいろな職業の見知らぬ20人ほどが集まった。ワークショップを重ね、「あたたかい場所」としての食堂を開くことにした。「子育て中の疲れたお母さんや孤独なおじさんが立ち寄ってもいい、地域の、緩やかなつながりを保てる場所にしたい」

行政も関心を示している。堺市は7月に子ども食堂のモデル開設を、北九州市は9月の開始を目指す。子どもの貧困率が悪化するなか、子ども食堂への行政の支援を望む声は高まっている。「こども食堂ネットワーク」では、とくに地域や民間の拠点をつなぐ役割に期待するという。　（林るみ）

出典：2016年5月14日朝日新聞

1．調べてみましょう。

（1）現在、地域における子どもを取り巻く環境が変化しており、記事にあるような地域における子どもの居場所の大切さが言われています。子どもを取り巻く環境は具体的にどのように変化しているのでしょうか。

（2）「子ども食堂」の活動にはどのような意義があるのでしょうか。

（3）地域での子育て支援の制度やサービス、「子ども食堂」のような子育ての支援にかかわる活動について調べてみましょう。

2．この記事を読んだ感想をまとめてみましょう。

３．解　説

（１） 子どもを取り巻く環境の変化

子どもは、人との関わりや遊びを通して、体力や社会性、協調性、想像力、創造力、集中力など生きる力を育んでいきます。しかし日本では、このような力を育む遊びに必要な要素である「時間」「空間」「仲間」の「三間」が喪失したと言われてから久しく、子どもの遊び環境の悪化が問題になっています。具体的には、少子化や核家族化、共働き家庭の増加により、子どもが様々な人と関わる機会が減ると同時に、地域の異年齢集団が姿を消し、遊ぶ「仲間」が少なくなっています。また、塾や習いごとなどで忙しく、夢中になって遊ぶ「時間」がとりにくい、都市化により地域に遊べる「空間」が少なくなっている等の問題も指摘されています。

このような状況の中、保育所や幼稚園、認定こども園、地域子育て支援センター、児童館などが、子どもの豊かな遊びを確保する場として重要な役割を担っています。また自由な遊び場として開設されている「冒険遊び場」の活動や「子ども食堂」のような地域での活動も新たな遊び場や居場所としての機能が期待されています。

（２）「子ども食堂」の活動の意義

記事にある「子ども食堂」のような地域住民による活動は、様々な地域の課題を解決する一つの糸口となっています。現在、日本では６人から７人に１人、一人親の家庭では約半数以上が貧困状態にあると言われており、「子ども食堂」はそのような貧困状態の子どもへの食事支援を目的として実施されています。近年様々な調査から、貧困状態にある子どもは食事が十分でなく、成長期の食生活における課題があることが報告されているように、貧困は子どもの生活に大きな影響を与えています。このような状況に対する具体的な支援の一つとして、「子ども食堂」や支援の必要な家庭に直接食べ物を届ける「フードバンク」の活動が注目されているのです。

さらに「子ども食堂」の意義として、子育て中の親子や地域の人々が集う場を作ることで親子にとっての居場所づくりや地域での横の繋がりへの支援になるという点があげられます。子育ての孤立化が問題になる中、地域の様々な年齢層が気軽に集える場があることで、地域の人びとの関わりが深まれば、子育ての孤立化の防止にもつながるでしょう。

（３） 地域における子育てを支援する制度やサービス

日本では、1990（平成２）年に合計特殊出生率が1.57を記録してから本格的に少子化対策が実施され、子育て支援施策が年々拡充されています。特に子育て支援に関しては、2015（平成27）年の「子ども・子育て支援法」の施行に伴い、地域の実情に応じた対応を行うために、地域子ども・子育て支援事業が定められ、地方公共団体（都道府県、市町村）などの行政機関、児童福祉施設、民間機関（NPO法人など）などがそれぞれの役割を担いながら以下の事業が実施されています。

具体的には、①利用者支援事業、②延長保育事業、③実費徴収に係る補足給付を行う事業、④多様な事業者の参入促進・能力活用事業、⑤放課後児童健全育成事業（放課後児童クラブ）、⑥子育て短期支援事業、⑦乳児家庭全戸訪問事業、⑧養育支援訪問事業・子どもを守る地域ネットワーク機能強化事業（その他要保護児童等の支援に資する事業）、⑨地域子育て支援拠点事業、⑩一時預かり事業、⑪病児保育事業、⑫子育て援助活動支援事業（ファミリー・サポート・センター事業）、⑬妊婦健康診査の13の事業が実施されています。この他にも「子ども食堂」のような地域での自主的活動も増えているので、支援を必要としている人がニーズに応じて支援を活用できるように、自分の住んでいる地域でどのような支援が行われているのかを調べておきましょう。

（北澤　明子）

第7章 男女共同参画社会とワークライフバランス

記　事

「女の子だから」にサヨナラ

縛られる現実　私たちは変えたい

「女の子だから」。その一言で行動や思いを制限されたことはありませんか。そんな家族や社会からの決めつけから自由になろう。そして変えよう。若い女性たちの思いを聞きました。

Dear Girls

福島県の小学5年のAちゃん(11)は小学校に入る前、お母さんとランドセルを買いに行った。幼稚園にいつも持っていっていた黒っぽいバッグが気に入っていたので、黒いランドセルを選んだ。お店の人からは「女の子で黒だといじめられるかもしれないから、もう一晩考えてみて」と言われた。両親は「気に入ったならいいよ」と言ってくれ、翌日買ってくれた。

しかし、同じクラスの男の子たちから、「Aちゃんじゃなくて、A君だね」「へんなの」とからかわれた。自分のランドセルがキライになった。黄色い交通安全のカバーやピンクの雨よけカバーをつけて、黒色を隠して登校するようになった。

黒色がすてき

1年生の2学期。転校生の女の子が「気にしなくていいよ」と言ってくれ、「がんばってカバーを外す勇気が出た」。黒色のランドセルが、ぴかぴか立派に見えた。

今も黒いランドセルを使っている。男の子だから黒や青。女の子だから赤やピンクと決めつけてはいけないと思っている。「だって、すてきな色はたくさんあるんだから」

神奈川県の大学1年の女性(18)は高校生の時、ノーベル平和賞を受賞したマララ・ユスフザイさんの番組をテレビで見て、途上国の女性差別の深刻さに衝撃を受けた。

祖母が「恨むよ」

そんな中、3姉妹の末っ子として自分が生まれた時、母が、父方の祖母から「恨むよ」と言われていたことを知った。祖父母は「家」を継ぐ男の子を切望していたから。

最近、バイト先で一緒に働く女性が何げなく、こう話すのを聞いた。「うちは娘だから大学にいかなくていいの。男の子だったら行かなくてはいけないけれど」。深刻さの程度は違うかもしれないけれど、「女の子だから」学校に行けないのは途上国だけではない、と感じた。

将来は国連などで途上国の女子教育のために働きたいと思っている。「女の子だからって出来ないことはないと思っています。夢を実現させ、祖父母に私が生まれてきたことを『良かった』と思ってもらいたい」

東京都の大学4年の女性(22)は、昨年就活を始めるまで、男女平等は当たり前だと思っていた。

10社の最終面接に臨んだ。でも、面接する役員は男性ばかり。「育児と両立しやすい」とアピールする企業でも、男性たちの端に女性役員が1人だけ。

ある会社の最終面接で男子学生に内定が出て、自分が不採用だったことを知った。その理由を採用担当者に尋ねると、「長く働いてくれそうな人を採用しているんです」。出産を「リスク」とみる企業では、女性であるだけで採用のハードルがあがる、と感じた。

後進のためにも

「男女平等は、教育現場だけの幻想だった」。就活を経て、今はそう思う。唯一内定をくれた会社で4月から働く。総合職は約200人で、女性の採用は自分で4人目だ。会社には「営業でバリバリ働きたい」と希望を伝えた。「仕事で結果を出したいんです。自分より後の世代の女性が『あの先輩が働き続けているから、私もやってみよう』と思えるように」（長富由希子）

自信持って不当だと言おう　詩人・社会学者　水無田《みなした》気流《きりう》さん

教育現場では、問題は残っているものの、かつてに比べれば「男らしさ」や「女らしさ」を押しつけない教育も進んできていると思います。でも、家庭では、大学進学などで男の子を優先する傾向が依然としてあります。

女性は、専業主婦になれば、長時間の無償労働で夫を支え、家事や育児、介護などを担い、子育てが一段落して再就職しても低賃金のパート就労になりがち。正社員を続けていても、女性にだけ子育てと仕事の両立が課されるケースが多いため、仕事をセーブし、葛藤や行き詰まりを抱えやすい。一方、結婚や出産をしない女性への社会の圧力も依然として根強い。

今の日本は、個人の特性や能力よりもまだ性別が先だつ社会。大切なのは、自分が不当だと思うことは自信を持って不当だと言うことです。男性の就労が不安定になる中、「娘はお嫁に行けば『上がり』」と思う親は減っているでしょう。不公平な処遇に耐えながら仕事を続けてきた女性の先輩や、理解ある男性が増えてきた職場も多いはず。社会は、「変えていこう」という個々人の意思の総和によって変わるのです。

日本の男女格差　一緒に考えよう

11日・中高生向け催し

中高生に日本の女性問題を考えてもらおうと、国際NGO「プラン・インターナショナル」所属の女子大生と女子高生が11日に都内でワークショップを開く。途上国の女性差別を学ぶうちに、日本にも女性問題があることに気づいたという。

ワークショップでは、国際団体が毎年発表する「ジェンダーギャップ指数」で最も格差が少ないアイスランドと、111位の日本を比較する。ワークショップは同NGOの国際協力イベントの一環。イベントへの参加は、中高生のみ。問い合わせや申し込みは、同NGOにメール（gschool@plan-international.jp）で。

出典：2017年3月8日朝日新聞

1．言葉を調べてみましょう。

（1） ノーベル平和賞受賞のマララ・ユスフザイさんについて調べてみましょう。

（2） 発達途上国の女性差別を調べてみましょう。

（3） ジェンダーギャップ指数とは何か調べてみましょう。

2. これまでの経験を振り返ってみましょう。

（1） 幼い頃、「女の子だから～しなさい」「男の子だから～あるべき」と言われたことは、どんなことでしたか？

（2）「女の子らしさ」「男の子らしさ」とは、どういうことだと思いますか？

3．この記事を読んだ感想をまとめてみましょう。

4．解　説

（1）「ジェンダー」の種類とその意味

男女平等や男女共同参画社会の推進を考えるとき、「ジェンダー」という言葉と切り離せない関係があります。「ジェンダー」とは、広義には、社会的・文化的に形成された性差であり、生物学的・生理学的な差異に基づく性別とは直接関係のない、社会や文化がつくりあげた通念を基礎にした男女の区別のことです。また、狭義には、男女の固定的な性別役割分担意識のことを意味しています。

ジェンダーにとらわれることで、男女を差別する意識が温存され、男女平等の社会は実現しません。ここで、ジェンダーに関する用語を解説します。

◆ジェンダー・イコール：男女平等、男女共同参画

◆ジェンダー・バイアス：性差による偏見

◆ジェンダー・チェック：性差による役割分担意識調査

◆ジェンダー・フリー：あらゆる性差からの解放

◆「ガラスの天井」：女性の能力開発の行き詰まり

（2） 幼児期からのジェンダー・バイアス（性差による偏見）

就学前の年齢から、保護者ならびに養育者からの誤ったジェンダー・バイアスにより、「女は○○であるべき」「男は○○であるべき」という固定観念を持ってしまうことがあります。「女の子らしさ」「男の子らしさ」の中身は社会の中で作られ、将来の進路も狭められてしまうことがあります。

「男の子だから～しなさい」「女の子だから～しなさい」という親の指示あるいは叱責による養育内容として、次のような例が挙げられます。

●男の子だから、泣いてはいけない。

●男の子だから、いずれは家の跡を継ぐことになる。勉強だけはしっかりしなければならない。

●男の子は、強く逞しくあるべき。

●女の子は、優しくおしとやかでなければならない。

●女の子は、いずれ嫁に行くのだから、あまり勉強はしなくてもよい。

●女の子だから、大学は理系ではなく、文系に進学するのが望ましい。

ジェンダー・バイアスに過度にとらわれると、個人の自由を奪うだけでなく、人権をも侵害することにつながります。ジェンダーに縛られることなく、性別にかかわらず「人間らしく生きる」「○○（個人）らしく生きる」ことが重要です。

（3） アメリカ大統領選挙と「ガラスの天井」

「ガラスの天井」という言葉は、女性が生きていく上で、様々な能力開発が行き詰まる状態になることをいいます。女性が社会的にある程度昇進していき、階段を上って行っても、見えないガラスの天井があり、やがては頭打ちになるということです。アメリカ大統領選挙（2008（平成20）年）の民主党予備選挙におけるオバマとヒラリーの対決でも、次のトランプとヒラリーの大統領選挙（2016（平成28）年）でも、「ガラスの天井は破れなかった」とヒラリーが敗北宣言をしました。結果として、男性が優位となり、アメリカ初の女性大統領は誕生しませんでした。

（角田　みどり）

記　事

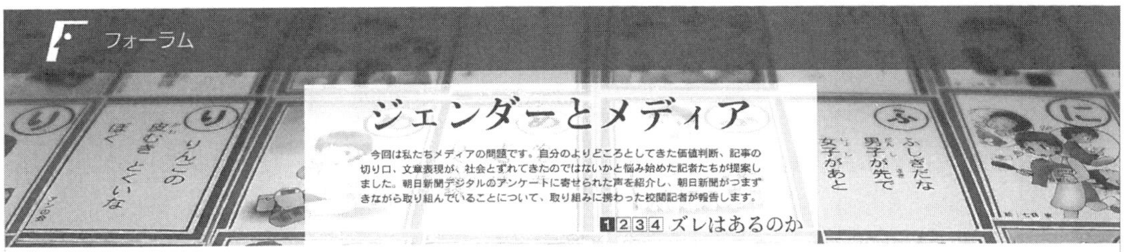

フォーラム

ジェンダーとメディア

今回は私たちメディアの問題です。自分のよりどころとしてきた価値判断、記事の切り口、文章表現が、社会とずれてきたのではないかと悩み始めた記者たちが提案しました。朝日新聞デジタルのアンケートに寄せられた声を紹介し、朝日新聞がつまずきながら取り組んでいることについて、取り組みに携わった校閲記者が報告します。

1 2 3 4 ズレはあるのか

ステレオタイプ 再生産

メディアのジェンダー表現のここがおかしい、という指摘です。

●「番組で、しばしば流行のグルメやアイテムを紹介するものがある。そこでよく『女性はこういうの好きですよね』『女子にはたまらない』といった、嗜好《しこう》を性別で限定する発言を平気で出演者たちがしているのがとても気になる。味覚や趣味に性差がないとまでは言わないが、メディアで過剰にこのような表現をするのは、それに当てはまらない『女性』や、あてはまる『男性』を『異端』と見なすように感じてならない。特に、多感な思春期の子供たちにとって、偏ったジェンダー意識、排除の意識を作るきっかけにもなりかねないと危惧している」
（東京都・20代女性）

●「4月から広告会社で働いています。自社でも、安易に露出の激しいもえキャラや、若く美しい女性の容姿を強調した広告があります。会議の中でも悪気なく『男脳、女脳的には～が正しい』『女の子向けだからピンク』というような発言を聞く機会が多いです。新人ですし、きっといちいち意見していると『ヒステリックな男嫌いのフェミニスト』と思われてしまうので、内心引っかかっても言えないでいます」
（東京都・20代女性）

●「『男子あるある』や『女子あるある』のつもりで描いているシーンは、そのことを再生産して社会に刷り込むことにつながっていると思う。例えば『忙しくて時間がない、働くママを応援！』なども、家事は女性の分担という暗黙の共通理解を発信し、再生産している」
（神奈川県・30代女性）

ジェンダー
身体の特徴など生来の性別の違いではなく、社会的、文化的につくられた性差のこと。「男は仕事、女は家事育児」といった「男はこうあるべきだ」「女はこうあるべきだ」とする性別による役割分担も含まれます。

●「私は自治体のPRで女性の性的特徴を強調した表現が多く使われているのがとても不愉快です。私たちの生活と密着していて権力もある行政組織からそのような視線を感じるのは、気持ちが悪いし生きづらいです。公の立場なら、自分たちの表現が社会的に強いメッセージを持つことを自覚して、嫌な思いをする人が少ないよう配慮してほしいです。SNSの普及で公と私、団体と個人の表現が同等に並ぶようになり、自治体PRに限らず、公の立場であることをわきまえられていない表現は増えている気がします」
（大阪府・20代女性）

●「『ブス』などの表現がバラエティーや笑いのネタになること自体が女性蔑視であるにもかかわらず、それを良しとしている風潮が理解できない。トランプ大統領が女性の容姿について発言しセクハラだと騒動になっているニュースを取り上げているにもかかわらず、バラエティーでのセクハラは別物という認識なのか？」
（神奈川県・30代女性）

●「女性ならではの観点、見方といった表現に違和感があります。ある考え方に至ったのには人それぞれの経緯があり、それが個性だと思います。それを女性だから、という理由で回収してしまうのは安易ではないか」
（埼玉県・20代女性）

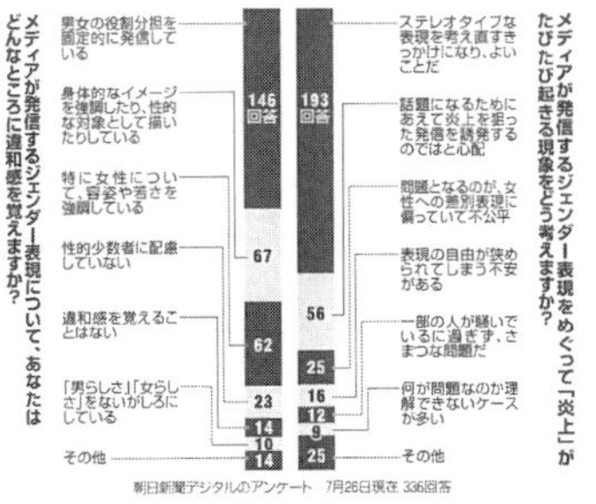

「押しつけ」避ける表現模索

ジェンダーにとらわれない、男女平等を促す表現はどのように作り出せるのか。多様な性について理解を深めるには。朝日新聞も、このことに悩んできました。

◇

▼国会議員を表すイラストが男性を連想させるネクタイ姿ばかり
▼画家に対して「女性ならではの細やかな観察眼」。女性だからではなく「その人ならでは」の作風なのでは

これらは、朝日新聞の社内向け「ジェンダーガイドブック」で考える対象となった事例です。過去の紙面のほか、議論の末に修正された記事・見出しを例示しながら、偏見や新たな差別を生むかもしれない表現について考える手引です。様々な部署から担当者が集まり今年、15年ぶりに改訂しました。私も担当した1人です。

きっかけは昨年、朝日新聞の記事が「人権侵害であるセクハラを『悪ふざけ』と捉え容認している」と批判を受けたことです。読者代表であるパブリックエディターからも、女性の人権をどう捉えているのか、記事の問題点について声をあげる人が編集現場にいなかったのかと厳しく問われました。人権を守る立場からも記事を点検する私たち校閲記者はもちろん、社員全員がいま一度、自分の意識を見直すことを迫られています。

ガイドブックで取り上げた事例の一つに、税制改正の課題として「ベビーシッター代の控除を認めるか」について書かれた記事があります。記者の原稿には控除の狙いについて「働く女性を後押しするため」とありました。女性を応援するという趣旨ですが、社内から疑問の声が上がりました。これでは「ベビーシッターを必要としているのは女性」だという前提に立っていることになり、読者に一方的な価値観を押しつけることにもつながる。子育てを担う男性が大勢いることを考慮しないのも不自然だ——というものです。検討の結果、「働きながらの子育てを後押しするため」と、男女を問わない書き方になりました。

改訂後のガイドブックには「これぐらいは問題ないんじゃないか」という人もいた表現もあります。ただ、自分が「これぐらい」と思っていても他の人には大きな痛みをもたらす表現かもしれない。その表現が、自分の性について悩みを抱える人を生きづらくさせることにつながるかもしれない。こういったことを常に念頭に置くのが大事だと考えています。模索しながらですが。

価値観は人によって異なります。固定観念に基づく記事や想像力を欠いた表現などによって、「この役割はこの性別のもの」などと押しつけるようになることは避けなければいけない。細心の注意を払いながら、これからも紙面の点検を続けていきます。
（校閲センター　梶田育代）

想像力、なさすぎでは

特に女性の描き方を巡り、CMなどの「炎上」が目立つようになってきたことについて。

●「ステレオタイプを見直すきっかけになればよいが、実際には、批判を受ける側が居直って終わることが多いように思う。ある表現がなぜ他人には脅威や不快なものに感じられるのか、という反省にはつながらないためだろう。だとすると、メディアがどう取り上げるか次第で受け止め方も変わってくるのではないか」
（東京都・40代男性）

●「炎上が続くのは、一般視聴者、とりわけ日常生活で性別にまつわる処遇に違和感をもっている女性たちがこれまで以上にメディアでの表現に敏感になったこと、その異議申し立てを可視化する手段がSNSによって身近になったことが影響していると思うが、そのような現状にあってなお、目を疑う無神経さを露呈したCMが作られ続けるのがなぜなのか、不思議でならない。作り手の側に、様々な立場や経験を持つ人たちへの想像力がなさすぎる」
（岡山県・50代女性）

●「『私作る人、僕食べる人』の何が悪い。日本人はかくあるべき、と言う意見を表明することは悪だというのなら、日本は思想統制のある国だったということなのか。賛否両論、いずれも尊重され、自由な発言や論議がなされるべきで、差別だ、偏見だ、良くないことだ、と決めつけて異なる意見を圧殺するようであれば、とても民主主義国家とは言えない」
（京都府・30代男性）

●「ゲイです。このアンケートの選択項目自体、若干女性に偏っているのではないかと思いました。メディアに触れてよく感じることは、女尊男卑が加速しているということ。寝ている旦那さんの耳元に、奥さんがひどいことを言う殺虫剤のCMや、男は臭いと普通に言い放つ消臭スプレーのCM。これらはなかなか表立った問題にならないように感じますが、もし、女性がこう表現される立場であれば、炎上は免れませんよね。女尊男卑な昨今の風潮に不安を覚えます」
（東京都・30代男性）

●「女性の立場からすると議論が起こること自体が前進だと思います」
（埼玉県・30代女性）

アンケート「ジェンダーとメディア」を8月2日まで、http://t.asahi.com/forumで実施中です。ご意見はasahi_forum@asahi.comでも募集しています。

次回8月6日は「ジェンダーとメディア」2を掲載します。

出典：2017年7月30日朝日新聞

1. 言葉を調べてみましょう。

（1） メディアとは何か調べてみましょう。

（2） ステレオタイプとは何か調べてみましょう。

（3） SNSでの炎上について調べてみましょう。

（4）　性的少数者とは何か調べてみましょう。

（5）　フェミニストとは何か調べてみましょう。

2．この記事を読んだ感想をまとめてみましょう。

3. 解　説

（1） メディアにおける女性に関する表現

「メディア」という言葉の定義は非常に幅広く、一般的には、新聞・雑誌・テレビといった情報の「媒介物」を指しますが、現代では、携帯電話やスマートフォン、タブレット端末と拡がり、マスメディアからインターネットメディアへと大きくシフトしてきています。

1999（平成11）年に「男女共同参画社会基本法」が制定されましたが、それに基づいて策定された「男女共同参画基本計画」（2000（平成12）年）では、「メディアにおける女性の人権の尊重」がうたわれています。現代のように情報が溢れる社会の中で、国や全国の各自治体では、男女共同参画社会の推進に併せて、メディアにおける男女共同参画を考えるための「公的広報のガイドライン」づくりも進められてきました。

世の中に溢れているメディア情報の中で語られる「女性像」「男性像」の中には、「女らしさ」や「男らしさ」に偏った表現、固定的性別役割分担を過度に強調した表現などが、知らず知らずの内に刷り込まれる形で表現されている場合もあります。

新聞紙上の広告欄、電車内に中吊りされた雑誌の広告、街中の看板等々、日常的に目に触れる活字や画像の中には、目を覆いたくなるほどのひどいジェンダー表現も見かけます。特に、行政から発行される印刷物・出版物にこうした偏った表現（ジェンダーのしばり、固定的性別役割分担意識など）が載せられているとしたら、社会に与える影響力はより大きいと言えます。

それだけに、メディアの中で表現される「女性像」「男性像」については、私たちは常に男女共同参画の視点をもち、性的差別表現がないかどうかをチェックしなければならないと言えます。

（2） テレビのCMに見られるジェンダー表現

テレビの視聴中に否応なく流れてくるCMについては、テレビ局のディレクターやカメラマンのほとんどが男性であることが影響しているためか、女性が不必要に肌を露出させた表現や、会議をしている場面が全員男性であるような表現も見かけます。「男は仕事、女は家庭」といった固定的性別役割分担意識を助長する内容については、偏見にとらわれない質の高いメディア・リテラシーが求められていて、声を上げて指摘することが重要と考えられます。

テレビのCMについて、次のような視点で見直しを図ってはどうでしょうか。

- ●以前のカレーのCMに見られたように、「私、つくる人」「僕、食べる人」に類似したような、役割分担を固定的に捉えている内容のもの。
- ●泣いている男の子に向かって、「男なら、泣くな！」という声かけをするような内容のもの。
- ●「女の子は優しくて、可愛い子がいいのよ」という親のナレーションが流れるような内容のもの。
- ●夫の出勤を三つ指ついて、送り出す様子が流れるもの。
- ●広告する商品とは関係なく、女性を性的に過剰に強調する表現になっているもの。
- ●家事・育児にかかわる商品（洗剤、調理器、おむつなど）のCMで、すべて女性の映像が使われているもの。
- ●子育ては、母親のみが関わっているような映像が使用されているもの。

メディアの中でのジェンダーによる行き過ぎた表現を敏感に感じ取り、どういった改善がなされなければならないか、立ち止まって考えてみる必要があります。男女共同参画社会の真の実現に向けて、男女がともにCMの在り方について再考しなければならないのではないでしょうか。

（角田　みどり）

第8章　子育て家庭の福祉を図るための社会資源

記　事

ファミサポをたずねて　上　駆け込み寺

預かりで育児支える

送迎、息抜き 登録気軽に

「ファミリー・サポート・センター」をご存じだろうか。仕事や急用で子どもを一時的に預かってもらいたい人（依頼会員）と、その思いに応える人（提供会員）をマッチングさせる自治体運営の会員組織だ。県内では1995年度に岡山市で産声を上げ、じわり広がりを見せてきた。記者(31)は1児の母親。依頼会員に登録して〝ファミサポ〟の現場を訪ねた。

◇

予想外の光景だった。1歳4カ月の長男が「他人」の家で、身内ではない女性と音の出るおもちゃで遊んでいた。8月中旬、岡山市北区のマンション一室。「すごいね」「上手」と褒められ、得意顔を浮かべている。

女性は住人の山水恵美子さん(58)。岡山ファミリー・サポート・センター（岡山市北区大供）の提供会員だ。初のサポート利用だったこの日、山水さんには長男の保育園への迎えと、その後の預かりを約1時間お願いした。

長男は今春の入園を機に人見知りが始まり、初対面の人の前では記者の脚にしがみついて隠れようとする。山水さんとは2日前、親子でマンションを訪ねて顔合わせしていた。とはいえ、泣いて困らせていないかと気をもんでいた。

別れ際、帰宅を拒むように玄関でぐずり、部屋に戻ろうとするわが子に、思わず頬が緩んだ。

◇◆◇

ファミサポは1994年度、子育て支援を狙いに旧労働省（現厚生労働省）がスタートさせた。厚労省などによると、2015年度までに全国の市区町村のほぼ半数に当たる809市区町村が設置。うち県内では岡山、倉敷、津山など15市町が開設している。

利用条件はセンターごとに異なる。岡山市の場合、平日1時間の利用料金は午前7時～午後7時で700円、夜間や早朝で900円。預けられる対象年齢は、おおむね生後3カ月～10歳未満。軽度の病後児も対応する。

昼すぎまでパートで働く山水さん。岡山ファミサポに勤める長女(32)に勧められ、夕方以降なら協力できると思い、6月に提供会員となった。今は記者の長男とは別に、幼児1人を月2、3回預かる。

2人暮らしの夫(62)はファミサポの活動日になると気を使って外出するという。「でも、気になるみたいでカレンダーを見て『今日は（子どもが）来る日だね』って聞いてくる。そろそろ活動に誘ってみようかな」。山水さんが笑った。

◇◆◇

記者は会社の先輩でもある夫（33）と共働き。長男を出産し、育児休業を経て5月に職場復帰した。日中は長男を保育園に預け、午前9時～午後5時のフルタイムで働く。

夫は勤務時間が不規則だ。家事や育児には協力的だが、帰宅が午前0時近くになることがある。頼れる親族は車で15分ほど離れた所に住む母親(64)だけ。記者を含め3人とも都合がつかない事態に備え、7月に依頼会員として登録した。

ファミサポ担当者から登録に関する説明を一緒に聞いた医療事務女性(40)＝岡山市北区＝は長女(3)と2人暮らし。今春、自身が発熱した際、寝ていた長女を自宅に残して内科に出向くしかなく、気掛かりでならなかった。「夫は単身赴任だし、親族は近くにいない。助けてほしいと思って…」

ファミサポは育児をサポートする各種制度の隙間を埋める事業。家事をする間の子守や息抜きでも、働いていない人でも利用できると、担当者は記者たちに気軽な登録を促してくれた。

子育てを支える駆け込み寺―。ファミサポはそんな存在かもしれないと感じた。（小若菜美）

▲初のファミサポ利用となった記者の長男。提供会員の山水さん（右）と遊び、ご満悦の様子だった＝8月中旬、岡山市北区

県内のファミリー・サポート・センター

地　域	連絡先
岡山市	086-227-2525
倉敷市	086-435-5678
津山市	0868-31-8753
玉野市	0863-32-3778
笠岡市	0865-63-5067
井原市	0866-62-9517
総社市	0866-94-5665
高梁市	0866-22-2450
新見市	0867-72-6115
備前市	0869-64-0582
瀬戸内市	0869-22-0092
赤磐市	086-956-3700
美作市	0868-72-3961
早島町	086-482-1777
勝央町	0868-38-7102

（2017年4月現在）

●ファミリー・サポート・センターの仕組み●

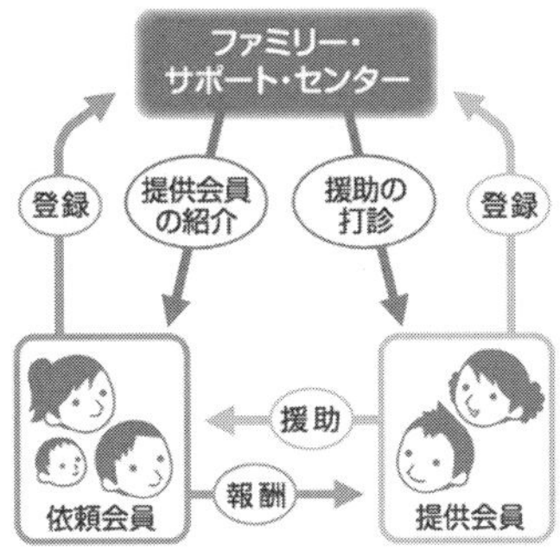

出典：2017年9月4日山陽新聞朝刊

1．急ではあるが２日後に県外出張が決まり、保育園に迎えにいけない。

Bさん女性（29歳）は、2歳の子どもがおり現在は保育所に通っています。しかし急遽決まった出張や、残業には対応できないのが現状です。特に夫婦共働きでお互い実家を離れて生活しており、祖父母の協力を得ることができません。

〔事例を読んだ感想を述べましょう〕

2．新聞記事を読み、下記のキーワードを調べてみましょう。

（1） 核家族世帯は多いのでしょうか。

（2） ファミリーサポート制度をどう考えますか。

（3） 子育てをするなかで、ファミリーサポート制度以外にどのようなサービスが必要だと考えますか。

3. 解　説

近くに祖父母や親戚、親しい友人がいたら頼めるのにと思うようなことでも、核家族が増えるなかで子どもを預かってくれる人を探すことは非常に困難になってきています。そのような状況に陥ったのは共働きと労働時間、核家族の増加なども起因の一つであると考えられます。

1997（平成 9）年以降の共働きの動向を見ると「共働き世帯」が「男性雇用者と無業の妻からなる世帯」数を上回ったことに加えて、30 代から 40 代の子育て期における正規職員も週間労働時間が 60 時間以上と非常に忙しく働いています。2016（平成 28）年の世帯構造別を見ると、夫婦と未婚の子のみの世帯 1,474 万 4,000 世帯（29.5％）が最も多く、単独世帯が 1,343 万 4,000 世帯（26.9％）、夫婦のみの世帯は 118 万 5,000 世帯（23.7％）、三世代世帯は 294 万 7,000 世帯（5.9％）、その他世帯 333 万世帯（6.7％）と続いている。また平均世帯人員は 2.47 人で、年々減少傾向にあります（熊本県を除く）。つまり保育所や放課後児童クラブが不足している状況のなかで、これまで日常的に行われてきた友達同士、親戚、ご近所同士の「子どもの預けあい」が、現代社会においては非常に難しい状況にあることが理解できます。

さらに、2016（平成 28）年の「保育児童等を利用する児童数」が 246 万人と増加したものの待機児童も 2 万 3,553 人と増加する一方で、わが国の高齢化率（27.3％）が上昇し続けています。そのような社会情勢の中で、子育て世代の悩みを解消するために高齢者の経験を活かしたマンパワーを直接結び付ける制度として子育て援助活動支援事業（ファミリー・サポート・センター事業）があります。

（1）子育て援助活動支援事業（ファミリー・サポート・センター事業　以下　センターと略す）

この事業は、地域における乳幼児や小学生等の児童を有する子育て中の保護者と、子育てを終了した女性の社会貢献の場となっています。つまり、今回の新聞記事に登場した子育て中の新聞記者と、新聞記事で紹介されている山水さんを繋げる相互援助活動の事業です。その活動例としては、①保育施設への送り迎え、②保育施設の時間外や学校の放課後などに子どもを預かる、③保護者が買い物など外出の際、子どもを預かる、④保護者の病気や冠婚葬祭などの緊急の場合に子どもを預かる、⑤育児や病後児の預かりや早朝・夜間などの緊急時に預かる（一部の地域で実施中）などがあります。

〔センターの業務〕（厚生労働省　パンフレット抜粋　2016（平成 28）年 1 月）

①　会員の募集、登録その他の会員組織業務
②　会員同士の相互援助活動の調整
③　会員に対して必要な知識の提供と講習会の開催
④　会員同士の交流と情報交換のための交流会の開催
⑤　保育所や医療機関など子育て支援関連施設・事業との連絡調整

利用までの流れを、新聞記事に登場する新聞記者（援助を受けたい人）と山水さん（援助を行いたい人）を例に説明すると、まず援助を受けたい新聞記者は、住所地の市区町村にあるファミリー・サポート・センターに登録を行うと、同センターのアドバイザーが山水さんを紹介してくれます。一方の山水さんも同センターに登録し、安全・事故対策に関する研修を受講します。その後アドバイザーから新聞記者のお子さんへの援助を打診され、お互いに事前打合せ後に援助の依頼、活動の実施が行われます。その後新聞記者は利用金を支払い、山水さんはセンターに活動

報告を提出することになります。

利用料金や利用時間は市区町村によって異なります。岡山市の場合は、概ね 3 か月から 10 歳未満の子どもをもっている人が利用でき、会員登録費や会費は不要です。利用料金は、平日の 7 時から 19 時までの利用は 1 時間 700 円、土日祝および平日の時間外は 1 時間 900 円です。

この事業は、1994（平成 6）年度の旧労働省による国の補助事業としてスタート後、交付金名が変わりながらも継続してきました。2014（平成 26）年度は「保育緊急確保事業」として実施されてきましたが、2015（平成 27）年度からは「子ども・子育て支援新制度」の「地域子ども子育て支援事業」に位置付けられています。

（2）ファミリー・サポート制度以外のサービス

地域子ども・子育て支援事業は、先ほど述べたファミリー・サポート・センター事業以外に①利用者支援事業、②延長保育事業、③実費徴収に係る補足給付を行う事業、④多様な事業者の参入促進・能力活用事業、⑤放課後児童健全育成事業（放課後児童クラブ）、⑥子育て短期支援事業、⑦乳児家庭全戸訪問事業、⑧養育支援訪問事業・子どもを守る地域ネットワーク機能強化事業（その他要保護児童等の支援に資する事業）、⑨地域子育て支援拠点事業、⑩一時預かり事業、⑪病児保育事業、⑫妊婦健康診査などがあります。ここでは残り 12 事業のうち、4 つの事業を概説します。

①　一時預かり事業

家庭で保育を受けることが一時的に困難となった乳幼児に対して、主として昼間に認定こども園、幼稚園、保育所などで一時的に保護を行う事業。

②　延長保育事業

保育認定を受けた子どもについて、通常の利用日以外の日および時間帯に認定こども園、保育所等で保育を実施する事業。

③　病児保育事業

病児を病院・保育所等に付設された専用スペース等において、看護師等が一時的に保育等を実施する事業。

④　放課後児童健全育成事業

保護者が労働等により昼間家庭にいない小学生に対し、授業の終了後に小学校の余裕教室、児童館等を利用して健全な育成を図る事業。

以上のように、地域の子ども・子育てを支援する事業があります。今回の記事にある子育て援助活動支援事業（ファミリー・サポート・センター）も含め地域子ども・子育て支援事業は、共働き家庭、ひとり親家庭といった家庭にとどまらず、これまで日常的に行われてきた地域での「子どもの預けあい」を補完してくれる素晴らしい制度です。是非、残り 8 事業についても調べてください。

参考文献

1）厚生労働白書　平成 28 年度版
2）男女共同参画白書　平成 28 年版
3）国民の福祉と介護の動向 2016/2017　一般財団法人　厚生労働統計協会　2016 年 9 月 5 日
4）「保育所等関連状況取りまとめ」（平成 28 年 4 月 1 日）厚生労働省ホームページ
5）ファミリー・サポート・センターのご案内　厚生労働省　パンフレット　28 年 1 月
6）岡山市ホームページ　子育て支援　ファミリーサポートセンター
http://www.city.okayama.jp/hofuku/kodomo/kodomo_00009.html
7）社会福祉小六法　福祉小六法編集委員会編　2017 年版

（小倉　毅）

記　事

民生委員創設100年

岡山発祥　東京で記念大会

岡山県発祥で、独居の高齢者や低所得世帯などの生活を手助けする民生委員制度が今年で創設１００年となるのを記念し、厚生労働省などは９日、東京都内で全国大会を開いた。天皇、皇后両陛下が臨席されたほか、塩崎恭久厚労相や小池百合子都知事ら関係者約１万人が参加した。

天皇、皇后両陛下が出席され開かれた、民生委員制度創設100年を記念する全国大会＝９日、東京都江東区（代表撮影）

冒頭、民生委員の歴史を伝える映像が流され、全国民生委員児童委員連合会の得能金市会長が「今後も地域に根差すことを心に刻み、誰もが笑顔で安全に暮らせるよう、まい進しよう」とあいさつした。

民生委員は生活面で問題を抱えた住民の相談に乗り、福祉サービスにつなげる非常勤の特別職地方公務員。岡山県が１９１７（大正６）年に創設した「済世顧問」と、翌18年に大阪府で発足した「方面委員」が起源とされる。

済世顧問制度は当時の笠井信一岡山県知事が県民の貧困防止を目的に作った。各顧問は、疲弊した農村の再生や母子保健、地域医療の充実に努めた。36（昭和11）年に方面委員令が公布されて全国的な制度として確立。戦後の46年、民生委員令が施行された。

民生委員は２０１５年度末時点で全国に23万１６８９人。近年はなり手不足や高齢化などの問題を抱えるが、地域福祉の担い手として役割が増している。

出典：2017年7月10日山陽新聞朝刊（共同通信配信）

1．登校拒否を続ける小学生に対するかかわり

小学校6年生のAさん女児（12歳）は、友だちとの関係が上手くいかず、登校拒否を続けています。担任の先生も何度も自宅に訪問し面会を試みましたがいまだできず、今後の対応が定まらない状況でした。そこで学校側は、Aさんが生活する地域の児童委員に依頼をし、Aさんの状況を伝えました。

〔事例を読んだ感想を述べましょう〕

2．新聞記事を読み、記事に出てきたキーワードおよびそれに類するキーワードを調べてみましょう。

（1）済世顧問制度

(2) 民生委員

(3) 児童委員と主任児童委員

3. 解　説

先ほどの事例に登場する民生委員（児童委員）は、「児童福祉法」の第16条により児童委員を兼任することになっています。その児童委員（民生委員）は、「児童及び妊産婦につき、その生活及び取り巻く環境の状況を適切に把握する」こと（第17条1項1号）や、「児童の健やかな育成に関する活動を行う者と密接に連携」（同1項3号）することになっています。また「民生委員法」第14条では職務として、住民の生活状態を必要に応じ適切に把握し、援助を必要とする者がその有する能力に応じ自立した日常生活を営むことができるように生活に関する相談、助言、その他の援助を行うことになっています。つまり小学校とも連携を図りながら、6年生のAさんとその家族に対して必要な援助を提供することになっています。

このように、私たちが地域で生活するなかで何らかの困難に遭遇したとき、地域で活躍する多くの支援者が温かい手を差し伸べて下さいます。

「第1部先人の足跡」では済世顧問制度を創設した笠井信一元岡山県知事を紹介しています。そして、この制度は現在の民生委員制度の基礎となったものであるため正しく理解してほしいと考えています。

（1） 済世顧問制度

2017（平成29）年に民生委員制度が創設から100年を迎えました。その笠井信一元岡山県知事が済生顧問制度の創設理由を1924（大正13）年10月6日に行われた長野県第2回方面委員総会の講演で述べています。それによると岡山県知事在職中であった1916（大正5）年5月18日の宮中において、大正天皇から岡山県の貧民の状態について質問がありました。これは、1913(大正2）～1914（大正3）年の不況時代にあり県内で米騒動が勃発していたためです。そのため後日調査し返答するとしましたが、どの程度が貧民であるかはっきりしません。そこで岡山市の借家の家賃が1か月1円30銭以下（当時の日本酒1升中等酒1円24銭）の居住者を調査したところ、2万99戸、人口13万3,710人が極貧状態で、貧民・窮民の救済が急務であることが分かりました。そこで人間は辛うじて雨露をしのぎ、衣食して生きていればよいという考えではなく、お互いに住み良き世の中を実現する共進共栄主義のもと、貧困の原因を消滅させることを目的に1917（大正6）年5月12日に済生顧問制度を創設しました。

この制度が創設された翌年には、林市蔵元大阪府知事が貧しい人々の生活調査、救済を目的とした方面委員を創設し、1936（昭和11）年には全国に発展し現在の民生委員・児童委員制度に引き継がれています。

（2） 民生委員・児童委員

民生委員は、都道府県知事の推薦によって厚生労働大臣がこれを委嘱します。任期は3年で、給与を支給しない民間奉仕者です。福祉行政報告例によると、2015（平成27）年度末全国で活躍する数は23万1,689名です。おもな職務は、相談・支援件数を639万1,465件、その他の活動件数2,713万5,458件、訪問回数3,850万4,881回です。具体的な配置基準と相談内容は下記の通りです。

1） 配置基準

① 民生委員・児童委員1人あたり

・東京都区および指定都市：220～440世帯ごとに1人

・中核市および人口10万人以上の市：170～360世帯ごとに1人

・人口10万人未満の市：120～280世帯ごとに1人

・町村：70～200世帯ごとに1人

② 主任児童委員

・民生委員・児童委員の定数39人以下：2人

・民生委員・児童委員の定数40人以上：3人

2） 相談内容

① 地域住民からの相談対応

相談内容に応じて行政による支援、福祉サービスの紹介などを通じて問題解決を図る。

② 子どもたちの安全を守るための活動

交通事故や犯罪に巻き込まれないように声かけや、通学路等のパトロールを行う。

③ 高齢者、障害者世帯等の訪問、見守り

定期的に自宅を訪問して体調確認を行うとともに、生活するうえでの相談、犯罪被害防止等を行う。

④ 災害時要援護者の支援態勢づくり

町内会や自治会と協力しながら、災害時の要支援者に対する避難支援体制づくりや、要援護者台帳づくりなどを行う。

⑤ 行政からの要請に基づく調査協力等

要援護者の状況を把握するとともに、福祉事務所や児童相談所などが行う福祉サービスにかかる業務の協力を行う。

⑥ いきいきサロンや子育てサロンの運営協力

高齢者や子育て中の親子が地域のなかで孤立しないように、居場所づくりや仲間づくりを目的としたサロンの運営に協力します。

⑦ 学校活動への報告など多岐にわたっています。

学校と密接に連携し、行事の参加や福祉教育の協力、課題のある家の訪問などを行う。この他、生活福祉資金の貸付に関する対象世帯の調査・実態把握、あっせん等の援助指導および社会福祉協議会への協力など、重要な役割を果たしています。

3） 児童委員・主任児童委員

児童委員は、「児童福祉法」によって定められていて民生委員と兼務しています。その職務は上記の民生委員の内容に加えて、市町村区域内の児童や妊産婦の生活環境の状況把握、保護や保健その他の福祉サービスを適切に利用できるような援助、さらに児童や妊産婦にかかる福祉を目的とした事業、専門職員との連携を図るとされています。

主任児童委員は、子育てを社会全体で支える「健やかに子どもを産み育てる環境づくり」を目的として1994（平成6）年に設置されました。その理由は地域生活における日常生活の希薄化に加えて、児童非行問題の低年齢化や子育て不安、児童虐待などの深刻化です。主任児童委員はそれぞれの市町村にあって担当区域をもたず活動します。

主任児童委員は民生委員・児童委員の中から厚生労働大臣により指名された者が主任児童委員となり、全国で約2万1,000人が活動しています。それぞれの市町村にあって担当区域をもたず、民生委員・児童委員と連携しながら子育ての支援や児童健全育成活動などに取り組んでいます。

参考文献

1)　『済生叢第 2 編済世顧問制度詳解』岡山縣學務部社會課　1930（昭和 5）年 3 月 28 日
2)　『岡山縣済世顧問制度の沿革』岡山縣社會課　1939（昭和 14）年 7 月 25 日
3)　『国民の福祉と介護の動向 2016/2017』一般財団法人　厚生労働統計協会　2016 年 9 月 5 日
4)　平成 27 年度福祉行政報告例の概況　厚生労働省ホームページ
http://www.mhlw.go.jp/toukei/saikin/hw/gyousei/15/index.html
5)　『福祉小六法　2017 年版』福祉小六法編集委員会編　2017 年 4 月 1 日

（小倉　毅）

第9章　子育て支援施策・次世代育成支援施策の推進

記　事

県は、2011～15年の県内市町村別の合計特殊出生率（１人の女性が生涯に生む子どもの推定人数）をまとめた。最も高かったのは奈義町の1.98、最低は久米南町の1.12。雇用環境が比較的安定し、自治体の子育て支援などが充実している地域ほど高くなる傾向がうかがえた。

（多田和代）

出生率トップ　奈義1.98

11～15年、県内市町村

県の15年の合計特殊出生率は中国5県で最低の1・54となっており、今後の人口減少対策に役立てようと独自に調査した。分析は公益社団法人・中国地方総合研究センター（広島市）に委託。雇用者所得や保育所数、小児科の医師数など出生率に影響するとみられる地域特性との関連も調べた。

最高の奈義町は、正規雇用者の割合（73・9％、10年）が高いうえに完全失業率（3・8％、同）が低いなど雇用環境が安定。育児を分担しやすい3世代同居の割合が多く、同町が高校生までの医療費を無料にするなど子育て支援に力を注いでいることも寄与したとみている。

2番目に高かった新庄村は1・78。働く既婚女性の割合が県内トップ（66・7％、同）だが、保育所整備など共働き世帯への支援が充実しているとした。3番目の勝央町は1・76で、20～34歳の既婚女性の割合が全国や県平均より高かった。

一方、最低だった久米南町は、正規雇用者の割合が64・7％（10年）と県内ワーストで、人口1人当たりの雇用者所得も129万5千円（13年度）で最も低いことなどが関係していると分析。次いで低かった浅口市と和気町はそれぞれ1・26で、いずれも雇用者所得などが県平均を下回った。

最低は久米南　雇用、育児環境が影響？

このほか、岡山市は県平均（1・51）より低い1・46。雇用者所得は県平均より多いが、20～34歳の既婚女性の割合が低く、待機児童数も多い。また、倉敷、津山市の同出生率はそれぞれ1・64と県平均を上回った。

県子ども未来課は「岡山県は中国5県の中で20代前半から30代前半女性の未婚率が高い。結婚サポート事業に取り組むとともに、地域ぐるみで子育てができる環境づくりを市町村とともに進めたい」としている。

県内市町村の合計特殊出生率（2011～15年）

岡山市	1.46
倉敷市	1.64
津山市	1.64
玉野市	1.35
笠岡市	1.29
井原市	1.31
総社市	1.51
高梁市	1.38
新見市	1.57
備前市	1.39
瀬戸内市	1.30
赤磐市	1.47
真庭市	1.72
美作市	1.56
浅口市	1.26
和気町	1.26
早島町	1.62
里庄町	1.54
矢掛町	1.31
新庄村	1.78
鏡野町	1.73
勝央町	1.76
奈義町	1.98
西粟倉村	1.58
久米南町	1.12
美咲町	1.61
吉備中央町	1.50
県	1.51
全国	1.40

出典：2017年5月27日山陽新聞朝刊

1. 言葉を調べてみましょう。

（1） エンゼルプランについて調べてみましょう。

（2） 新エンゼルプランについて調べてみましょう。

（3） 待機児童ゼロ作戦について調べてみましょう。

（4） 子ども・子育てビジョンについて調べてみましょう。

（5） 子ども・子育て支援施策について調べてみましょう。

2. この記事を読んだ感想をまとめてみましょう。

3. 解　説

（1） エンゼルプラン

わが国の合計出生率は、1975（昭和50）年以降から低下してきていました。そして、1990（平成2）年における「1.57ショック」が起こりました。このような少子化状況に対応するため、政府は、仕事と子育ての両立に向けての対策を検討し始めました。1994（平成6）年12月には、「今後の子育て支援のための施策の基本的方向について」、いわゆる「エンゼルプラン」を策定しました。このプランは、少子化問題に対し、10年間でとりくむ基本的方向と重点施策を定めたものです。政府は、「エンゼルプラン」を実施するために「緊急保育対策等5か年事業」を策定しました。そこには、低年齢児保育の促進、多様な保育サービスの充実、保育所の多機能化への整備、保育料の軽減、地域子育て支援体制の整備などを盛り込むことで働く親を支援する体制の充実を図りました。

（2） 新エンゼルプラン

政府は、1999（平成11）年12月には少子化対策推進関係閣僚会議で「少子化対策推進基本方針」を決定しました。同会議で「重点的に推進すべき少子化対策の具体的実施計画について」、いわゆる「新エンゼルプラン」を策定しました。同プランは、「エンゼルプラン」と「緊急保育対策等5か年事業」が見直されたものです。2000（平成12）年度から2004（平成16）年度までの5か年計画として策定されました。そこでは、「保育サービス等子育て支援サービスの充実」「仕事と子育ての両立のための雇用環境の整備」「働き方についての固定的な性別役割分業や職場優先の企業風土の是正」「母子保健医療体制の整備」「地域で子どもを育てる教育環境の整備」「子どもたちがのびのび育つ教育環境の実現」「教育に伴う経済的負担の軽減」「住まいづくりやまちづくりによる子育ての支援」のさらなる充実が目指されました。

（3） 待機児童ゼロ作戦

少子化問題に対応するための子育て支援の充実を目指し、政府は、2001（平成13）年7月に「仕事と子育ての両立支援等の方針」として待機児童ゼロ作戦を閣議決定しました。2002（平成14）年9月には「少子化対策プラスワン」をまとめました。そこでは「男性を含めた働き方の見直し」「地域における子育て支援」「社会保障における次世代育成支援」「子どもの社会性の向上や自立の促進」が必要との提案をしました。2008（平成20）年2月の「待機児童ゼロ作戦」終了後、2013（平成25）年4月に「待機児童解消加速化プラン」が策定されました。女性の就労環境を整えることを目指したものです。

（4） 子ども・子育てビジョン

2010（平成22）年1月29日には「子ども・子育てビジョン」を閣議決定しました。これは、子どもと子育てを応援する社会を目指して子育てを家族だけが担うのは個人の負担を大きくするので、社会が支えるというものです。「子どもの育ちを支え、若者が安心して成長できる社会」「妊娠、出産、子育ての希望が実現できる社会」「多様なネットワークで子育て力のある地域社会」「男性も女性も仕事と生活が調和する社会」を目指した内容です。同ビジョンとともに、少子化社会対策会議の「子ども・子育て新システム検討会議」で「子ども・子育て新システムに関する基本制度」が決定されました。これにもとづき、2012（平成24）年8月22日に子ども・子育て関連3

法が成立し公布されました。少子化対策として「仕事と子育ての両立」支援を強化し、「結婚・妊娠・出産支援」を充実させることを目指すことになりました。

（5） 新たな子育て支援施策

2015（平成 27）年 4 月には新たな子ども・子育て支援制度が施行となりました。同年 10 月には「一億総活躍国民会議」が提案されました。同年 11 月には「一億総活躍社会の実現に向けて緊急に実施すべき対策 ― 成長と分配の好循環の形成に向けて ― 」がまとめられました。また、「『希望出生率 1.8』の実現に向けた『夢をつむぐ子育て支援』」が示されました。

「子ども・子育て支援法」「就学前の子どもに関する教育、保育等の総合的な提供の推進に関する法律の一部を改正する法律」「子ども・子育て支援法及び就学前の子どもに関する教育、保育等の総合的な提供の推進に関する法律の一部を改正する法律の施行に伴う関係法律の整備等に関する法律」で新たな子育て支援制度がスタートし、地域子ども・子育て支援事業として 13 事業が位置づけられました。なお、地域子ども・子育て支援事業とは、「子ども・子育て支援法」第 59 条の第 1 号～第 13 号において、①利用者支援事業、②延長保育事業、③実費徴収に係る補足給付を行う事業、④多様な事業者の参入促進・能力活用事業、⑤放課後児童健全育成事業（放課後児童クラブ）、⑥子育て短期支援事業、⑦乳児家庭全戸訪問事業、⑧養育支援訪問事業・子どもを守る地域ネットワーク機能強化事業（その他要保護児童等の支援に資する事業）、⑨地域子育て支援拠点事業、⑩一時預かり事業、⑪病児保育事業、⑫子育て援助活動支援事業（ファミリー・サポート・センター事業）、⑬妊婦健康診査と明記されています。

参考文献

厚生労働省（1999）「新エンゼルプランについて」
http://www1.mhlw.go.jp/topics/syousika/tp0816-3_18.html〈2017 年 8 月 13 日〉

坂本真一「第 8 章　子育て支援施策・次世代育成支援施策の推進」井村圭壯、松井圭三編『家庭支援論の基本と課題』学文社、2017 年、pp.69-76

中典子「第 7 章　子育て支援」西尾祐吾　小崎恭弘　藤井薫編『子ども家庭福祉論　第 3 版』晃洋書房、2017 年、pp.85-96

保育福祉小六法編集委員会編『保育福祉小六法　2017 年版』みらい、2017 年

（中　　典子）

記　事

L《ローカル》の時代へ

子どもたちの「古里」に

第3部　田園回帰　③ 土の子育て

歪《ひず》みを超えて

カーブが続く山道を抜けると、ぽっかりと盆地が目の前に開けた。1年前からブドウの就農研修を受けている松野賢一さん(47)一家が暮らす高梁市宇治町の緑あふれる大地は、どこも虎太朗君(4)と隼之介《しゅんのすけ》君(2)の遊び場になる。

夏は真っ裸になって外で水浴びし、秋には林道のドングリや松ぼっくりを両手いっぱいに抱えて家に持ち帰る。お宮に続く石段は探検ごっこの舞台となり、田んぼのあぜ道は追いかけっこの場所になる…。

やんちゃ盛りの兄弟はいつも泥だらけだ。

近所のお年寄りたちとは顔なじみ。散歩で会うと「コタ君」「シュンちゃん」と気軽に声を掛けてくれる。畑で収穫を手伝わせてもらい、はしゃぎながら大根を引き抜くこともある。

「涙が出そうになるんです。ここに来る前の暮らしではとても考えられなかったから」と妻の夏子さん(42)。そんな姿を見るたびに、胸がいっぱいになるという。

「実は、虎太朗は枯れ葉を踏む音も怖がったんです」

夏子さんは、かつて住んでいた横浜市鶴見区での生活を振り返る。東京都心まで電車で30分。東京や横浜のベッドタウンで、夜も車がひっきりなしに通る幹線道路沿いの住宅地だった。

道はびっしりとアスファルトで固められ、のびのびと走り回れる空き地はない。小さな公園は雑草が生えないよう、一面に砂利が敷いてあった。四季折々の自然に触れる機会は少なく、虎太朗君は土の上を歩くのも、こわごわとしていたという。

都会での子育てのしづらさはそれだけではない。

東京の保育園の待機児童（昨年4月現在）は8466人に上り全国で最も多い。成長してからも習い事や塾、予備校と費用がかさみ、総務省の家計調査（2015年）によると、東京都区内の1世帯当たりの教育費は年約23万円と、全国平均の1・8倍に膨れ上がる。

「子育てはとにかく大変だし、お金もかかるから、子どもは1人がやっと。これが普通だと思っていた」と賢一さん。高梁に来て、そんな心配はなくなったという。

今年5月、松野さんの家には新たな家族が増える。

東京都八王子市のマンションに住む夏子さんの母・上杉豊子さん(71)が引っ越して来る。昨秋に地域おこし協力隊員になり、古民家カフェを開店するために走り回っている夏子さんの子育てや家事をサポートするためだ。

母は都内で生まれ育ち、ずっと東京を離れたことはなかった。近所に病院もスーパーもそろっている今の生活に不満はないが、14年前に夫を亡くし、いつまで1人で暮らせるかという不安や、孫の面倒を見たいとの思いが背中を押した。

「畑を耕したいし、ガーデニングも楽しみたい。これまで岡山に住むなんて考えもしなかったけど、今はワクワクしているの」

かつては縁もゆかりもなかった土地に一家が集結する。ここを子どもたちの古里にしたい―。夏子さんの思いは日に日に強くなっている。

（大島望）

横浜から越してきた松野さん一家。〝わんぱく小僧〟の虎太朗君と隼之介君は土の上での遊びに夢中だ

ご意見、ご感想をお寄せください。〒700―8534、山陽新聞社「Lの時代へ」取材班。メールlocal@sanyonews.jp　ファクス（086―803―8125）

出典：2017年4月14日山陽新聞朝刊

1．言葉を調べてみましょう。

（1）「次世代育成支援対策推進法」について調べてみましょう。

（2）「少子化社会対策基本法」を調べてみましょう。

（3）待機児童の解消について調べてみましょう。

（4） 児童の放課後支援について調べてみましょう。

（5） 父親の育児参加について調べてみましょう。

2. この記事を読んだ感想をまとめてみましょう。

3. 解　説

（1） 次世代育成支援対策

子育て家庭に対する社会全体での支援を目的として「次世代育成支援対策推進法」が段階施行され、地方公共団体や企業の10年間での子育て支援の取り組み促進が図られました。また、2014（平成26）年には改正され、その後の10年間のための内容充実が図られました。同法の目的は第1条で「次世代育成支援対策に関し、基本理念を定め、並びに国、地方公共団体、事業主及び国民の責務を明らかにするとともに、行動計画策定指針並びに地方公共団体及び事業主の行動計画の策定その他の次世代育成支援対策を推進するために必要な事項を定めることにより、次世代育成支援対策を迅速かつ重点的に推進し、もって次代の社会を担う子どもが健やかに生まれ、かつ、育成される社会の形成に資すること」としました。基本理念は第3条で「父母その他の保護者が子育てについての第一義的責任を有するという基本的認識の下に、家庭その他の場において、子育ての意義についての理解が深められ、かつ、子育てに伴う喜びが実感されるように配慮して行われなければならない」としました。

（2） 少子化社会対策

2003（平成15）年9月1日に施行された「少子化社会対策基本法」の目的は、第1条の「少子化社会において講ぜられる施策の基本理念を明らかにするとともに、国及び地方公共団体の責務、少子化に対処するために講ずべき施策の基本となる事項その他の事項を定めることにより、少子化に対処するための施策を総合的に推進し、もって国民が豊かで安心して暮らすことのできる社会の実現に寄与すること」です。その基本理念は第2条の1項から4項のとおりです。1項は、「少子化に対処するための施策は、父母その他の保護者が子育てについての第一義的責任を有するとの認識の下に、国民の意識の変化、生活様式の多様化等に十分留意しつつ、男女共同参画社会の形成とあいまって、家庭や子育てに夢を持ち、かつ、次代の社会を担う子どもを安心して生み、育てることができる環境を整備することを旨として講ぜられなければならない」です。2項は、「少子化に対処するための施策は、人口構造の変化、財政の状況、経済の成長、社会の高度化その他の状況に十分配意し、長期的な展望に立って講ぜられなければならない」です。3項は、「少子化に対処するための施策を講ずるに当たっては、子どもの安全な生活が確保されるとともに、子どもがひとしく心身ともに健やかに育つことができるよう配慮しなければならない」です。4項は、「社会、経済、教育、文化その他あらゆる分野における施策は、少子化の状況に配慮して、講ぜられなければならない」です。

2007（平成19）年12月27日には「子どもと家族を応援する日本」の重点戦略で仕事と子育ての両立の実現に向けての支援を必要としました。「仕事と生活の調和（ワーク・ライフ・バランス）憲章」と「仕事と生活の調和推進のための行動指針」を定めました。

（3） 待機児童の解消

第1は「『待機児童解消加速化プラン』の推進」で、その実現を目指して保育等施設整備費を増やし、小規模保育施設整備補助を創設しました。2016（平成28）年度は、企業の多様な働き方に対応できる保育サービス提供のための企業主導型保育事業を推進しました。地方公共団体とも連携して空き店舗などの活用で子育て支援施設の設置にも努めました。

第2は「『保育人材確保対策』の推進」で保育士確保のために保育士試験を年2回実施推進、

保育士職場体制改善による離職防止、潜在保育士の復帰支援、保育士養成の強化をしました。

（4）児童の放課後支援

第1は「放課後子ども総合プランの推進」で次世代育成支援としてすべての小学生が放課後を安全・安心に過ごしながら様々な体験ができるようにされました。2019年度末までに放課後児童クラブの約30万人分整備、122万人分の確保、全小学校区で放課後児童クラブと放課後子ども教室を一体・連携して実施、そのうち1万か所以上を一体型で実施することを目指しました。

第2は「放課後児童クラブの充実」で、2015（平成27）年4月から「放課後児童健全育成事業の設備及び運営に関する基準」と「放課後児童クラブ運営指針」が策定されました。2015（平成27）年度予算で「放課後子ども総合プラン」の目標達成に向け、質と量の充実を目指しました。18時30分以降も事業を行う放課後児童クラブに対し、賃金改善や常勤職員の配置促進に対して経費補助を行いました。放課後児童支援員等処遇改善等事業・障害児を5人以上受け入れている場合の職員の加配等、放課後児童クラブの質向上を目指しました。

（5）父親の育児参加

父親が家庭の育児に関心が向き、母親と精神的にも尊重しあう関係があれば、母親が安定して子どもと向き合うことができます。母親が父親を慕う子どもの様子をみると、母親が安心して育児をすることができます。よって、父親が育児に関心を持ち、母親とともに子育てする意識を育てていくように働きかけることが大事です。父親が育児をする意味や価値などを論理的に提示していくことになります。父親同士の交流が深まるように、知り合いになれる話し合いの場面を含めることで、父親にも育児仲間ができ父親の育児参加への関心を深めることになります。

参考文献

中　典子「第7章　子育て支援」西尾祐吾　小崎恭弘編『子ども家庭福祉論　第3版』晃洋書房、2017年、pp.85-96

保育福祉小六法編集委員会編『保育福祉小六法　2017年版』みらい、2017年

前嶋　元「第11章　地域の子育て家庭への支援」井村圭壯、松井圭三編『家庭支援論の基本と課題』学文社、2017年、pp.97-104

（中　典子）

第10章 子育て支援サービスの概要Ⅰ

記　事

くらしナビ　ライフスタイル

3歳になったら行き場なし？

「子ども・子育て支援新制度」が1日、スタートした。新たな保育サービスの導入や施策の中身を自治体に大きく委ねるなど、子育てを巡る状況が変わろうとしている。各地でどんなことが起きているのか。制度の仕組みとともに紹介する。

変わる　子育て支援制度　上

●連携施設は「未定」

「おはようございまーす」。NPO法人「メリーユー」が運営する小規模保育「保育ルームキューティー北山田」（横浜市都筑区）に、子どもたちの元気な声が響いた。マンションの一角にあり、0～2歳の19人が通う。室内で体操をした後は、近所の公園に散歩に行くのが日課だ。

小規模保育は、新制度で新たに導入された。定員6～19人で、認可保育所のような広い用地の確保などが必要なく、開設しやすいのも特徴。待機児童解消の切り札として期待されている。同NPOの柳牧子理事長は「少人数なので、保育士も子どもたちに目を行き届かせることができ、手厚い保育ができる」と胸を張る。

新制度では、こうした小規模保育をはじめとする、少人数で0～2歳の子どもを預かる「地域型保育」を国の補助対象として新設した。このほか「家庭的保育」（保育ママ、定員5人以下）▽障害や疾患などで個別のケアが必要な場合に、1対1で保護者の自宅で保育を行う「居宅訪問型保育」――などがあり、ニーズに応じたきめ細かいケアや、待機児童解消を目指す考えだ。

待機児童対策を推進する横浜市では4月から、小規模保育だけで33カ所を新規開設し、535人分定員を増やす。

しかし、地域型保育を利用できるのは原則3歳未満児。3歳以降は別な保育施設に移る必要がある。事業者には、受け入れ先となる連携施設を確保するよう求めているが、5年間の経過措置が設けられているため、未定の所が多い。保護者からは「本当に移る先があるのか」と不安の声も上がっている。自治体担当者は「『3歳児待機』を増やさないよう連携先の確保が課題」と口をそろえる。

●お墨付きでも落選

新制度では、保育施設の入所申し込みの際、保育が必要かどうかを自治体が証明する「保育認定」が必要だ。親の就労状況や子どもの年齢などで1～3号までの3種類の認定があり、それにより利用できる施設が決まる。

本来、認定を受ければ、何らかの公的サービスを利用できる保育の権利が発生する。しかし「お墨付き」をもらっても、保育所やサービスが不足しているために、実際には利用できない事態が広がっている。

認可保育所の入所の可否が発表された3月、首都圏各地で、認可保育所に入れなかった子どもの保護者らによる、自治体に対する異議申し立てが次々と行われた。

「育児休業明けでも認可に入れなかった。無認可の保育施設は保育料も高く、保育内容にも不安がある。新制度の恩恵は何もなかった」。6カ月の長男のため、認可保育所に入所申請した、東京都目黒区の会社員の女性(40)は憤る。

4月から長男を認可保育所に預けて職場復帰する予定だった。しかし認可には希望者が殺到し、選考に落ちた。区からは都の保育施設の認証保育所を案内されたが、遠方のため通うのは現実的ではなかった。やむをえず、無認可保育所に預けて復帰するが、保育料は最低毎月7万5000円で認可より高く、公的補助も全くない。

同区で4月入所の認可保育所に申し込んだ人は1892人（1次選考時点）。うち6割の1116人が入れなかった。申し込んだ人は、前年同期比で約150人増えた。

新制度では市町村に対し、子ども・子育て支援事業の5カ年計画を策定するよう求めている。計画では、現在の地域の教育や保育・子育て支援事業の利用状況のほか、「将来は子どもを預け働きたい」という潜在的ニーズも含めた保育・子育て支援の必要量（量の見込み）を把握し、それに見合ったサービスの確保策や実施時期などを定める。

だが、もともと待機児童の多い地域では、計画を立ててもその通りに進んでいない。「土地を確保できない」などの理由で認可保育所を増やせないからだ。

全国で待機児童が最も多い世田谷区。この4月には新たに認可保育所10カ所、認証保育所2カ所が開園し、地域型保育と合わせ定員を約1300人分増やした。しかし、認可利用の1次選考では、前年比812人増の6175人が申し込み、半数以上にあたる3416人が入れなかった。

区では民間事業者が建設用地を探してきた場合、賃料を20年間補助したり、不動産取引に詳しい専門家を非常勤職員で配置したりするなど、あの手この手で対策を試みるが、待機児童を解消する道のりはなお遠い。

●質の低下を懸念

保育定員の確保という「量」が優先される中、子どものための保育の「質」がないがしろにされないか、懸念の声も上がる。「保育園を考える親の会」代表の普光院亜紀さんは「現状は待機児童もまだ多く、保護者は園を選べない状況にある。自治体は保育の整備責任を果たしつつ、適切な事業者を選定し、質を落とさないよう指導、監督していく責任がある」と話す。【細川貴代、写真も】

音楽にあわせて体操を楽しむ子どもたち＝横浜市都筑区の小規模保育「保育ルームキューティー北山田」で

●増える保育・教育の場

		保育認定
幼稚園（3～5歳）	・教育を行う ・主に家庭で子育てする人が対象	1号（3歳以上、1日約4時間の利用）
保育所（0～5歳）	・保育を行う ・主に共働き家庭が対象	2号（3歳以上、最大8時間または11時間） 3号（0～2歳、同）
認定こども園（0～5歳）	・幼稚園と保育所の両方の特徴 ・子育て支援の場がある	1号、2号、3号
地域型保育（0～2歳）	・小規模保育（定員6～19人） ・家庭的保育（定員5人以下） ・事業所内保育（地域に開放） ・居宅訪問型保育	3号

●主な「子育て支援事業」

利用者支援事業	地域の保育・子育て支援の情報提供・相談を実施
放課後児童クラブ	小学生対象
地域子育て支援拠点	親子交流や子育て相談のできる場を開設
一時預かり	幼稚園や保育所などで行う一時的な預かり保育
病児保育	病児を専用スペースで一時的に保育

出典：2015年4月3日毎日新聞朝刊

1. 2015（平成27）年4月からスタートした「子ども・子育て支援新制度」に関わる法律について調べてみましょう。

2. 「子ども・子育て支援新制度」によって導入された「地域型保育事業」について調べてみましょう。

3. 解　説

（1） 子ども・子育て支援新制度に関わる法律について

「子ども・子育て支援新制度」は、2012（平成24）年８月に成立した「子ども・子育て支援法」と、関連する法律に基づいて、幼児期の学校教育や保育、地域の子育て支援の量の拡充や質の向上を進めていくために2015（平成27）年４月から施行されました。

「子ども・子育て支援法」は、「我が国における急速な少子化の進行並びに家庭及び地域を取り巻く環境の変化に鑑み、児童福祉法その他の子どもに関する法律による施策と相まって、子ども・子育て支援給付その他の子ども及び子どもを養育している者に必要な支援を行い、もって一人一人の子どもが健やかに成長することができる社会の実現に寄与すること」を目的としています。また、基本理念として次の３つを掲げています。

① 子ども・子育て支援は、父母その他の保護者が子育てについての第一義的責任を有するという基本的認識の下に、家庭、学校、地域、職域その他の社会のあらゆる分野における全ての構成員が、各々の役割を果たすとともに、相互に協力して行われなければならない。

② 子ども・子育て支援給付その他の子ども・子育て支援の内容および水準は、全ての子どもが健やかに成長するように支援するものであって、良質かつ適切なものでなければならない。

③ 子ども・子育て支援給付その他の子ども・子育て支援は、地域の実情に応じて、総合的かつ効率的に提供されるよう配慮して行われなければならない。

（2） 地域型保育事業について

「子ども・子育て支援新制度」は、教育・保育施設を対象とする施設型給付・委託費に加え、「小規模保育事業」「家庭的保育事業」「居宅訪問型保育事業」「事業所内保育事業」の４つの事業類型を市町村による認可事業（地域型保育事業）として「児童福祉法」に位置付けた上で、地域型保育給付の対象とし、多様な施設や事業の中から利用者が選択できる仕組みとなっています。

小規模保育事業は、保育を必要とする満３歳未満の乳児・幼児について、当該保育を必要とする乳児・幼児を保育することを目的とする施設（利用定員が６人以上19人以下であるものに限る）において保育を行う事業です。必要に応じて満３歳以上の幼児についても保育することができます。

家庭的保育事業は、保育を必要とする満３歳未満の乳児・幼児について、家庭的保育者の居宅その他の場所（当該保育を必要とする乳児・幼児の居宅を除く）において、家庭的保育者による保育を行う事業です（利用定員が５人以下であるものに限る）。必要に応じて満３歳以上の幼児についても保育することができます。

居宅訪問型保育事業は、保育を必要とする満３歳未満の乳児・幼児について、当該保育を必要とする乳児・幼児の居宅において家庭的保育者による保育を行う事業です。必要に応じて満３歳以上の幼児についても保育することができます。原則、保育者と児童が1対1で保育を行います。

事業所内保育事業は、保育を必要とする満３歳未満の乳児・幼児について、事業主がその雇用する労働者の乳児・幼児を保育するために自ら設置する施設等において保育を実施する事業です。必要に応じて満３歳以上の幼児についても保育することができます。

地域型保育の事業者は、社会福祉法人や学校法人に限定されません。欠格事由に該当する場合や需給調整が必要な場合を除いて、原則として参入が認められます。都市部では、認定こども園等を連携施設として、小規模保育等を増やすことによって待機児童の解消を図ることが期待されます。また、人口減少地域においては、隣接自治体の認定こども園等と連携しながら、小規模保育等の拠点によって地域の子育て支援機能を維持・確保することが期待されます。

なお、記事の最後にふれているとおり、保育の「質の低下を懸命」する声もあります。「量」の拡充だけでなく「質」の維持、そしてさらなる向上が求められます。

（坂本　真一）

記　事

乳幼児の虐待死

連携強めて命を救おう

虐待によって幼い命が奪われる事件が後を絶たない。

埼玉県と東京都で先月に起きた事件の被害者はいずれも3歳児だった。無抵抗で体も小さい乳幼児の虐待は死亡につながりやすい。関係機関は全力で対策を講じてほしい。

埼玉県狭山市では　Ａ　ちゃんが遺体で見つかり、母親(22)と同居の男(24)が逮捕された。2人は自宅マンションでＡちゃんの顔に熱湯をかけてやけどを負わせるなどしたうえ、病院に連れて行かずに放置したとされる。

東京都大田区の　Ｂ　ちゃんは母親(22)の交際相手の暴力団組員(20)から暴行されて大けがをしたとされる。Ｂちゃんは病院に運ばれたが死亡した。

いずれの事件も、あまりにむごい。強い憤りを禁じ得ない。

狭山市では、市の職員はＡちゃんや姉が定期的な乳幼児健診を受けていないことから自宅を何度か訪問し、虐待がないかなど様子を確認していた。

当時、母子はＡちゃんの祖母と同居し、祖母に家事を手伝ってもらうなどの支援を受けていた。その後、母子はマンションに移り、逮捕された男と同居中に事件が起きた。

マンションではＡちゃんが玄関の前に出されていたり、泣き続けていたりするのを近所の人が気づいて警察に2度通報していた。しかし、警察官が訪問した際には虐待の形跡はなかったという。

通報があったことは狭山市には知らされず、市は母子の転居も把握していなかった。関係機関が情報を共有していれば、家庭への関わりを強められたのではないか。

大田区の事件では、母親が若い時の妊娠だったため、区は特別の支援が必要な「特定妊婦」として乳幼児健診の時に気をつけていた。だが、組員との同居は把握しておらず、虐待にも気づかなかった。もう一歩関わる方法はなかっただろうか。

厚生労働省のまとめによると、2003年度から13年度に児童虐待で死亡した582人の中で3歳以下が437人と75%を占めている。うち3歳児は57人、0歳児は最多の256人に上る。

厚労省の専門委員会が昨年公表した報告書は「虐待のリスクについて妊娠期から着目して支援につなぐことが肝要」と指摘した。

その場合、妊婦と接する機会が多い産科の医療機関が果たす役割も大きい。母親本人や家庭の状況から虐待の危険性を察して児童相談所や市町村へ連絡し、出生後のケアを引き継ぐことができるからだ。

妊娠期から家庭へ継続的な対応ができる体制を整えるとともに、関係機関が連携を強化する必要がある。

出典：2016年2月12日毎日新聞朝刊

1．記事は「妊娠期から家庭へ継続的な対応ができる体制を整えるとともに、関係機関が連携を強化する必要がある」と最後を締めくくっています。2015（平成27）年4月からスタートした「子ども・子育て支援新制度」においては、子育て家庭や妊産婦の困りごと等に合わせて、必要な支援を選択して利用できるように情報の提供や支援の紹介等を行い、また関係機関との連絡調整等を実施する「利用者支援事業」等の「地域子ども・子育て支援事業」を実施しています。「地域子ども・子育て支援事業」としてどのような事業が実施されているのか調べてみましょう。

2．あなたが暮らすまちの「市町村子ども・子育て支援事業計画」および「都道府県子ども・子育て支援事業支援計画」を調べてみましょう。

3. 解　説

（1） 地域子ども・子育て支援事業について

「子ども・子育て支援法」において、市町村は、市町村子ども・子育て支援事業計画に従って、地域子ども・子育て支援事業を行うものとされています。

具体的には、次の①～⑬の事業が実施されています。

① 利用者支援事業

子どもまたはその保護者の身近な場所で、教育・保育・保健その他の子育て支援の情報提供および必要に応じ相談･助言等を行うとともに、関係機関との連絡調整等を実施する事業です。基本型、特定型、母子保健型の３類型に分類されます。

基本型は、子どもおよびその保護者等が、教育・保育施設や地域の子育て支援事業等を円滑に利用できるよう、身近な場所において、当事者目線の寄り添い型の支援を実施します。

特定型は、待機児童の解消等を図るため、行政が地域連携の機能を果たすことを前提に主として保育に関する施設や事業を円滑に利用できるよう支援を実施します。

母子保健型は、妊娠期から子育て期にわたるまでの母子保健や育児に関する様々な悩み等に円滑に対応するため、保健師等が専門的な見地から相談支援等を実施し、妊娠期から子育て期にわたるまでの切れ目ない支援体制を構築することを目的とします。

② 延長保育事業

保育認定を受けた児童を、やむを得ない理由により通常の利用日および利用時間帯以外の日および時間において保育所や認定こども園等で保育を実施する事業です。

③ 実費徴収に係る補足給付を行う事業

保護者の世帯所得の状況等を勘案して、特定教育・保育施設等に対して保護者が支払うべき日用品、文房具その他の教育・保育に必要な物品の購入に要する費用または行事への参加に要する費用等を助成する事業です。

④ 多様な事業者の参入促進・能力活用事業

特定教育・保育施設等への民間事業者の参入の促進に関する調査研究その他多様な事業者の能力を活用した特定教育・保育施設等の設置または運営を促進するための事業です。

⑤ 放課後児童健全育成事業（放課後児童クラブ）

保護者が労働等により昼間家庭にいない小学校に就学している児童に対し、授業の終了後等に小学校の余裕教室、児童館等を利用して適切な遊びおよび生活の場を与えて、家庭、地域等との連携の下、発達段階に応じた主体的な遊びや生活が可能となるよう、当該児童の自主性、社会性および創造性の向上、基本的な生活習慣の確立等を図り、その健全な育成を図る事業です。

⑥ 子育て短期支援事業

保護者の疾病その他の理由により家庭において児童を養育することが一時的に困難となった場合および経済的な理由により緊急一時的に母子を保護することが必要な場合等に、児童養護施設その他の保護を適切に行うことができる施設において一定期間、養育・保護を行う事業です。短期入所生活援助（ショートステイ）事業および夜間養護等（トワイライトステイ）事業を実施しています。

⑦ 乳児家庭全戸訪問事業

生後４か月までの乳児のいるすべての家庭を訪問し、育児等に関する様々な不安や悩みについての相談に応じるほか、子育て支援に関する情報提供等を行います。また、親子の心身の状況や養育環境等の把握および助言を行い、支援が必要な家庭に対し適切なサービス提供につなげる事業です。

⑧　養育支援訪問事業・子どもを守る地域ネットワーク機能強化事業（その他要保護児童等の支援に資する事業）

養育支援訪問事業は、育児ストレス、産後うつ病、育児ノイローゼ等の問題によって、子育てに対して不安や孤立感等を抱える家庭や、様々な原因で養育支援が必要となっている家庭に対して、子育て経験者等による育児・家事の援助または保健師等による具体的な養育に関する指導助言等を訪問により実施する事業です。乳児家庭全戸訪問事業（こんにちは赤ちゃん事業）の実施結果等により把握され、養育支援が特に必要と認められる家庭の児童およびその養育者を対象とします。

子どもを守る地域ネットワーク機能強化事業は、子どもを守る地域ネットワーク（要保護児童対策地域協議会）の要保護児童対策調整機関の職員や地域ネットワークを構成する関係機関等の専門性強化および地域ネットワーク構成員の連携強化を図るとともに、地域ネットワークと訪問事業が連携を図り、児童虐待の発生予防、早期発見・早期対応に資することを目的とする事業です。

⑨　地域子育て支援拠点事業

乳幼児およびその保護者が相互の交流を行う場所を開設し、子育てについての相談、情報の提供、助言その他の援助を行う事業です。

⑩　一時預かり事業

家庭において保育を受けることが一時的に困難となった乳児または幼児について、主として昼間、保育所、幼稚園、認定こども園その他の場所において一時的に預かり、必要な保護を行う事業です。

⑪　病児保育事業

保育を必要とする乳児・幼児または保護者の労働もしくは疾病その他の事由により家庭において保育を受けることが困難となった小学校に就学している児童であって、疾病にかかっているものについて、保育所、認定こども園、病院、診療所、その他の場所において、保育を行う事業です。

病児対応型、病後児対応型、体調不良児対応型、非施設型（訪問型）の４つの事業類型により実施されています。

⑫　子育て援助活動支援事業（ファミリー・サポート・センター事業）

乳幼児や小学生等の児童を有する子育て中の労働者や主婦等を会員として、児童の預かりの援助を受けたい者と当該援助を行いたい者との相互援助活動に関する連絡、調整を行う事業です。

⑬　妊婦健康診査

妊婦の健康の保持および増進を図るため、妊婦に対する健康診査として、健康状態の把握、検査計測、保健指導を実施するとともに、妊娠期間中の適時に必要に応じた医学的検査を実施する事業です。

（2） 市町村子ども・子育て支援事業計画および都道府県子ども・子育て支援事業支援計画について

「子ども・子育て支援法」において、内閣総理大臣は、教育・保育および地域子ども・子育て支援事業の提供体制を整備し、子ども・子育て支援給付ならびに地域子ども・子育て支援事業および仕事・子育て両立支援事業の円滑な実施の確保その他子ども・子育て支援のための施策を総合的に推進するための基本的な指針（「基本指針」）を定めるものとされています。さらに、市町村および都道府県は、基本指針に即して、５年を１期とする教育・保育および地域子ども・子育て支援事業の提供体制の確保その他この法律に基づく業務の円滑な実施に関する計画（「市町村子ども・子育て支援事業計画」および「都道府県子ども・子育て支援事業支援計画」）を定めるものとされています。

ホームページで公表している市町村および都道府県もあります。確認してみましょう。

（坂本　真一）

第11章　保育所入所児童の家庭への支援

記　事

スキャナー
SCANNER

0～2歳 保育枠不足

保育士の確保 難しく

出産後も就業 5割に

待機児童微増

自治体が保育施設の定員を増やしながらも、解消に至らない待機児童問題。とりわけ深刻なのは0～2歳児の受け皿不足で、仕事と育児の両立に悩む保護者は依然として多い。自治体側の想定と準備を超える申し込みが寄せられた背景には、出産後も働き続ける女性が増えるなど、働き方の変化に社会が対応し切れていない現状もある。（社会保障部　田中ひろみ、条文野、本文記事1面）

■世田谷 0歳299人

東京都世田谷区の女性会社員(30)は今春、育児休業を延長した。生後10か月の長男を預ける保育所が見つからなかったためだ。

夫(32)も正社員で、相談した区議からは「世帯収入が高いので、所得の低い層が優先される区内の認可施設にはほぼ入れない」と言われた。15か所ほど見学し、利用を申し込んだが入れなかった。東京都が補助を出す認可外施設も回ったが、先着順の受け付けで、「0歳児は180人待ち」と言われた。

女性は「どうにかなるだろう」と楽観視していたが、「結局、どうにもならなかった」と肩を落とす。まもなくオープン予定の認可外施設に秋から預けることを検討している。

同区の待機児童は、昨年より337人減ったものの、861人。全員が0～2歳児で、0歳児が299人、1歳児516人、2歳児46人だった。

同区は昨年度、認可保育所の新設などで約2000人分の定員を増やしたが、子育て世帯の転入などで乳幼児人口が増え続け、子どもが小さいうちから保育を利用する人も増えていることが背景にある。

A　・保育計画・整備支援担当課長は「待機児童の重点が低年齢児に寄ってきており、今後はこれらを踏まえて需要を見極め、入所枠を確保していく」と語る。

調査によると、131自治体がこの1年間で拡大した保育定員は約6万1000人分。集計方法にばらつきがあるものの、数字上は利用申請数の増加は定員の増加をやや下回る。それでも待機児童が減らないのは、同区のように低年齢児の受け皿不足が一因だ。

東京都府中市など、待機児童の増加が顕著な7自治体の平均では、待機児童の8割を0～2歳が占めた。

国の基準では、子どもが小さいほど保育士の数が必要になることも、0～2歳の定員が思うように拡大できない背景にある。兵庫県明石市は「施設を新設する際は、できるだけ0～2歳の枠を増やしてほしいと事業者にお願いしているが、保育士が確保できないために限界がある」と話す。

■小規模保育

3歳未満の需要に特化できる施設として、自治体が急ピッチで整備を進めるのが、2年前に導入された小規模保育◎だ。

昨年度の小規模保育の新設は、131自治体で計540施設、定員では約9300人分増えた。今後の整備については、「積極的に」「必要があれば」を合わせて103自治体（78%）が前向きだった。一方、「3歳以降の行き先はあるのか、不安を持つ利用者もいる」（さいたま市）など、卒園後の受け皿確保はなお課題として残っている。

■潜在需要喚起

国立社会保障・人口問題研究所の統計で、出産後も仕事を続ける女性は、2010年の4割から15年には5割を超えた。総務省の労働力調査でも、25～44歳の就業率は2015年に71・6%となり、30年間で15ポイント上昇。働く女性が増え続けていることも、保育の需要を押し上げている。

自治体が待機児童の解消を目指して、保育定員の拡大に取り組むほど、預けて働きたい人が増えるという「潜在需要の掘り起こし」効果を指摘する声もある。

大分市の担当者は「未就学児の数はあまり変わらない。保育所が次々と新設されるので、『入れるなら申し込もう』という人が増えている」と分析する。

◎小規模保育　0～2歳児を6～19人の少人数単位で預かる保育施設で市町村が認可する。保育士の配置基準が認可保育所より緩い場合があり、比較的狭い敷地やビルの一室などを利用して開設できる。

◀4月に開園した認可保育所「グローバルキッズ若林園」の子ども（東京都世田谷区で）

待機児童数の多い上位10自治体

	定義※	2017年	16年	増減
東京都世田谷区	○	861	1198	▼337
岡山市		849	729	120
東京都目黒区	○	617	299	318
千葉県市川市	○	576	514	62
東京都大田区	○	572	229	343
兵庫県明石市	○	547	295	252
大分市	○	463	350	113
沖縄県沖縄市	○	440	360	80
東京都江戸川区		420	397	23
東京都府中市	○	383	296	87

※○は、国の新定義に基づいて集計している自治体。2017年の数字は調査時点のもの。▼は減少

国の職員配置基準による保育士1人あたりの子供の数

0歳児	3人
1・2歳児	6人
3歳児	20人
4・5歳児	30人

「隠れ待機」初の算入

厚労省が新定義　増加の一因に

厚生労働省は今年度から、「隠れ待機児童」を把握するため、育児休業中でも保育施設に入れれば復職したい場合は待機児童に含めるよう定義を変更した。運用は来春からでもよいが、今春は7割の自治体がこの定義で集計。待機児童が増えた要因ともなった。

今年度から新定義にした目黒区は、昨年より318人増え、そのうち育休中の保護者が290人と大半を占めた。同区の担当者は「新定義の適用で実態に合わせた方がよいと判断した」と話す。大田区も育休中が215人と約4割に上った。

ただ、定義の変更による解消時期への影響について尋ねたところ、「遅れる」は11自治体にとどまり、8割を超す111自治体が「影響はない」と回答した。

待機児童の解消が進まないことから、国は新たな対策を6月に決定する考えを明らかにしている。

（小沼聖実）

低年齢児受け皿整備最優先で

調査研究会社「保育システム研究所」（東京）の　B　代表の話「保育需要の見通しと整備計画が甘いのが根本の原因で、0～2歳の受け皿はもっと作る必要がある。新定義の採用によって増えた人数も含めて、子どもを預けて働きたい人は、まだまだ潜在的にいる。待機児童を抱える都市部の自治体は、用地や予算の問題、子どもの減少などを見据え、整備を抑制している場合もあるが、利用者側に立って、受け皿作りを進めることが最優先だ」

出典：2017年5月29日読売新聞朝刊

1．認可保育所への入所条件を調べてみましょう。

2．認可保育所と認可外保育所の違いは何か調べてみましょう。

3．保育所と認定こども園の違いは何か調べてみましょう。

4. 保育士 1 人あたりの子どもの人数を年齢別で答えて下さい。

5. 待機児童問題の中でも 0 歳から 2 歳においてが深刻化しています。0 歳から 2 歳児の保育のあり方について、何か良いアイデアがないかグループでディスカッションしてみて下さい。

6. 解　説

（1） 認可保育所への入所条件

保育所などでの保育を希望する場合、保育認定を受ける必要があります。保育認定を受ける場合、保護者が家庭で児童を保育できない下記の理由に該当することが必要です。

① 就労（月64時間以上の勤務）
② 妊娠・出産（産前2ヶ月・産後2ヶ月）
③ 病気・障がい等
④ 親族の介護・看護等
⑤ 災害復旧等
⑥ 求職活動
⑦ 就学
⑧ 虐待やDV等
⑨ 育児休業（育児休業取得中に、既に保育を利用している子どもがいて、継続利用が必要な場合で育児休業対象児が1歳になる月の末日以内）
⑩ その他市町村長が認める上記に類する状態

（2） 認可保育所と認可外保育所

認可保育所とは、国が定めた設置基準、たとえば、施設の広さ、保育士等の職員数、給食設備、防災管理、衛生管理等をクリアして都道府県知事に認可された施設です。大幅な公的資金補助があるため、保育料は①保護者等の市町村民税の所得割の額の合計額、②子どもの年齢、③支給認定にあたって認定された保育必要量に応じて決まります。そして、延長保育や一時保育などのサービスがあります。しかし、規定に従い運営されるため、個々のニーズに応えきれない面もあります。つまり一時保育サービスを提供していない保育所があったり、延長保育時間もまちまちであったりするのが現状です。

一方、認可外の保育施設は園庭の広さなどさまざまな設置基準の関係で、国の認可を受けていない保育施設のことです。ベビーホテルや深夜に開かれている保育施設、また、企業や官庁・大学等がその職員や学生専用に開設している保育施設も、認可外の保育施設となります。そして、保育料の設定は各保育施設が行います。公的補助がない独立の施設では、月額10～15万円程度の保育料になることがあります。夜間保育の利用が可能であったりする一方で、園庭がなかったり保育士の人数が少なかったりする場合もあります。

（3） 保育所と認定こども園の違い

教育・保育を受けるための支給認定について、例えば両親が共働きなどで保育が必要と認定された場合は、年齢に応じて2号、3号認定を受けることができます。

（設定区分）

主な施設	対象となる子ども	設定区分	教育・保育時間
(1) 幼稚園 (2) 認定こども園	(1) 満4歳以上の就学前の子ども (2) 満3歳以上の就学前の子ども （原則、2号認定を除く）	1号認定	教育標準時間
認可保育所（園） 認定こども園	満3歳以上で、保護者の就労や疾病などにより、保育を必要とする子ども	2号認定	保育標準時間 保育短時間
認可保育所（園） 認定こども園 家庭的保育施設 小規模保育施設	満3歳未満で、保護者の就労や疾病などにより、保育を必要とする子ども	3号認定	保育標準時間 保育短時間

保育所と幼保連携型の場合は児童福祉施設（法39条の2）の大きな違いは、保育所は厚生労働省の管轄で「児童福祉施設」、一方、認定こども園は2006（平成18）年に「就学前の子どもに関する教育、保育等の総合的な提供の推進に関する法律」に基づいて発足した「幼保一体型施設」です（ちなみに幼稚園は文部科学省の管轄で「教育施設」です。また、幼保連携型認定こども園は児童福祉施設です）。

	保育所・小規模保育	幼稚園	認定こども園
標準的な保育時間	概ね7時30分～17時00分 原則8時間	概ね9時00分～14時00分 標準4時間	概ね7時30分～17時00分 （4時間も可能）
入園可能年齢	0歳～小学校就学前 （小規模保育は0歳～2歳）	3歳～小学校就学前	0歳～小学校就学前
時間延長	概ね延長保育あり	預かり保育がある園とない園がある	概ね延長保育あり
給食	義務	任意	義務
入園申し込み	市町村の担当窓口・保育所	幼稚園に直接	幼保連携型、保育所型は市町村の担当窓口・保育園幼稚園型は直接園に
管轄	厚生労働省	文部科学省	文部科学省・厚生労働省
種別	児童福祉施設（児童福祉法）	教育施設（学校教育法）	幼保一体型施設（就学前の子どもに関する教育、保育等の総合的な提供の推進に関する法律） 児童福祉施設に該当する場合もある
教育・保育内容の基準	保育所保育指針	幼稚園教育要領	幼保連携型認定こども園 教育・保育要領
先生の資格・名称	保育士	幼稚園教諭	保育士・幼稚園教諭・保育教諭
保育料	市町村の徴収基準による	私立：園による 公立：市町村による	市町村の徴収基準により園が徴収
入れる条件	保育を必要とする状況	なし	保育所型、幼稚園型などタイプにより条件が異なる

（4） 保育士１人あたりの子どもの人数

国が定めた保育士の配置基準は下記のように定められています。しかし、認可保育所の場合は市区町村が独自に異なる規定を定めている場合があります。

また、この配置基準では十分な保育ができない現実もあるため、多くの保育所ではこの配置基準の「1.5～2倍」程の保育士を配置していることも珍しくありません。

保育士の配置基準（国の配置基準）	
子どもの年齢	保育士の配置人数
0歳児	概ね3人に保育士1人～
1・2歳児	概ね6人に保育士1人～
3歳児	概ね20人に保育士1人～
4・5歳児	概ね30人に保育士1人～

参考文献

厚生労働省 HP　www.mhlw.go.jp/

文部科学省 HP　www.mext.go.jp/

沖縄市 HP　www.city.okinawa.okinawa.jp/

草津市 HP　https://www.city.kusatsu.shiga.jp/

（小宅　理沙）

記　事

論点

待機児童対策　幼稚園を活用

池本《いけもと》　美香《みか》　氏

日本総合研究所主任研究員。専門は保育・教育政策、社会保障。共著書に「認定こども園の未来―幼保を超えて」など。50歳。

保育所に入れない待機児童が全国で2万人を超え、都市部を中心に保育施設の増設が続いている。対症療法ではなく、財源の制約のもとで質の高い保育を実現するために、何が求められるのかを考えてみたい。

まず必要なのは、国が中長期的な保育需要の展望を示すことだ。

今は保育所不足が深刻な都市部でも、少子化で乳幼児人口が今後、数十年にわたって減少していく。地方では既に施設が余り始めている。先行きの不透明感によって、保育士のなり手が不足し、事業者の参入も抑制されている面がある。

2015年春に始まった子ども・子育て支援新制度で、各自治体は15年度から5年間の保育需要の調査・推計を義務づけられた。しかし、一段と少子化が進むその先の需要については推計の対象となっていない。

そこで、日本総研は40年までの国の人口推計を基に、女性の就業率が過去10年間と同じペースで伸びると仮定し、需要を試算した。

その結果によると、保育所などに通う子どもは、15年の233万人から20年には254万人に増えた後、40年までほぼ横ばいで推移する。一方、主に専業主婦家庭の子どもが通う幼稚園については、15年の151万人から、40年には64万人と半分以下になる。

つまり今後、乳幼児の教育・保育需要は総じて減少傾向にあり、幼稚園より保育所のニーズが高まる。こうした長期の展望に立てば、待機児童対策は施設の新設よりも、定員に余裕のある幼稚園などをもっと活用すべきであることがわかる。国も長期的な推計などを示すべきだ。

第二に、規制緩和を一層進める必要がある。

国は幼稚園と保育所を一体化した認定こども園の制度を設け、普及を目指している。幼稚園の定員割れが目立つ地方では、こども園になる幼稚園が増えてきたが、都市部の幼稚園の動きは鈍い。幼稚園は1日4時間の教育を行えばよいが、こども園は原則1日11時間、土曜日や夏休みも開園する。幼稚園にとってハードルが高く、二の足を踏む要因の一つとなっている。

そこで、当面の対策として、小学生が放課後通う学童保育や3歳未満の子どもを預かる小規模保育の対象年齢を緩和し、幼稚園の開園時間以外は、これらの施設で幼稚園の子どもを預かるようにしてはどうか。

さらに、幼稚園がこども園になった場合、当初は保育時間を短めに設定できるようにすれば、移行が増えるのではないか。

最後に、少子化が進む将来に向け、都道府県や市町村が関与して、施設の適正な配置などを検討する仕組みの導入が必要だ。自治体の財政事情や事業者の意向だけで決めるのではなく、利用者や地域の代表者なども参加した会議を設け、多様な意見を反映させる。良質の施設が残れるような統廃合の進め方の指針なども、国が示すべきだ。

安心して子どもを預けられるようになれば、出生率にも女性の就業率にもプラスに働くだろう。（聞き手・社会保障部　樋口郁子）

出典：2017年4月25日読売新聞朝刊

1．保育所と幼稚園の違いは何か調べてみましょう。

2．待機児童問題についてあなたはどう考えますか？

3. 日曜日などの休日保育、あるいは病児・病後児保育など、通常保育以外の保育について調べて下さい。

4. あなたの住んでいる地域の待機児童問題の現状について調べてみましょう。

5. 解　説

（1） 保育所と幼稚園の違い

保育所と幼稚園では、管轄や法律が違います。保育所は厚生労働省の管轄で「児童福祉施設」となり、保育士は国家資格です。幼稚園は文部科学省の管轄で「教育施設」という区分で、教諭免許状が必要です。保育所は0歳から利用できる児童福祉施設で、幼稚園は3歳からの教育施設となります。

	保育所	幼稚園
保育年齢対象	0歳から小学校就学前までの乳幼児	原則3歳から小学校就学前までの幼児
標準的な保育時間	延長なしの場合8時間	延長なしの場合4時間
保育料	自治体が保護者の所得に応じて設定	私立は設置者が設定し 公立は自治体が設定
給食の有無	義務	任意
先生の必要資格・免許	保育士証	幼稚園教諭免許状
所管官庁	厚生労働省	文部科学省
根拠法	児童福祉法	学校教育法

（2） 通常保育以外の保育

保育所においては通常保育事業に加えて、一時預かり事業、延長保育事業、休日・夜間保育事業、病児・病後児保育などがあります。以上のような保育内容は、サービスを提供している所がまだ少ないため、たとえば施設が遠すぎて実際には利用できないといったケースもあります。

さらに、児童養護施設などの児童福祉施設等では、子育て短期支援事業等（ショートステイやトワイライトステイ）を実施しています。短期入所生活援助（ショートステイ）事業とは、保護者が病気、その他の理由により家庭において、児童の養育が一時的に困難となったときや母子が緊急一時的に保護を必要とするときに、児童養護施設等に一定期間入所することをいいます。また、夜間養護等（トワイライトステイ）事業では、保護者が仕事等で恒常的に帰宅が夜間に及ぶときや休日に不在で、家庭において児童に対する生活指導や家事の面で困難を生じているときに、児童養護施設等で児童に対する生活指導や食事の提供を受けることができます。

参考文献

厚生労働省 HP　www.mhlw.go.jp/
文部科学省 HP　www.mext.go.jp/
松井圭三・今井慶宗（編）『NIE　児童家庭福祉演習』2017　大学教育出版

（小宅　理沙）

第12章　地域の子育て家庭への支援

記　事

ときわだい保育園地域子育て支援センター（北上市）

遊び、サロン出張開催

　ときわだい保育園地域子育て支援センターは、北上市藤沢の住宅街にある同園を拠点に活動。同園のほか市内の交流センター3カ所で工作や季節のイベントを楽しむ「ひろば」の日を設け、保護者と子どもが楽しめる場所を提供している。

　3月最後の「ひろば」は27日、同園のセンター室で開催。0～1歳半の子どもとその保護者を対象に、育児について語る「おしゃべりサロン」を実施した。

　センター室にやって来た子どもたちは、まず室内のおもちゃで遊び始めた。室内には既製の遊具だけではなく、段ボール箱で作られた家やバス、ペットボトルを使った手作りおもちゃなどもあり、それぞれの子どもが目に付いたおもちゃで自由に遊んだ。

　ひとしきり遊んだ子どもたちと保護者はスタッフの合図で輪になり、歌に合わせて手や体を動かして楽しんだ。その後、保護者が自由に子どもの様子や育児の悩みを語り合う場を設け、「離乳食を食べさせようとするとぐずる」「離乳食やおやつをどういうタイミングで与えたらよいか」などの質問を交わし合い、スタッフや先輩ママから経験談を聞くと、保護者たちは安心したようにほころんだ。

　市内に住む　A　さん(34)は1歳1カ月の長男Bちゃんを連れて訪れた。「家から一番近いセンターなのでよく来ている。前は人見知りが激しかったけれど、ここの先生たちは（慣れて）大丈夫になった」と成長を喜ぶ。

　同センターは市内にある飯豊、黒沢尻北、二子地区の各交流センターに出張する形で「ひろば」を開催している。年齢別に集まる日やテーマを決めた遊びなど毎回工夫をこらしており、さまざまな地域の親子に親しまれている。背景を設置して行う季節の行事の撮影会も人気だ。

（第1木曜日に掲載します）

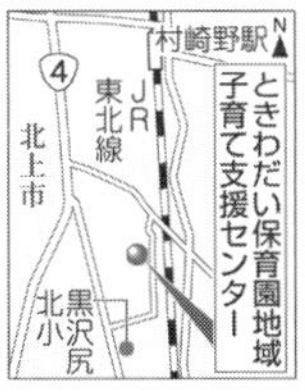

ときわだい保育園地域子育て支援センター

　0歳から就園前の子どもと保護者対象。同園のセンター室は月曜から金曜の午前9時～正午と午後2時半～同4時半開放。盆と正月は休み。園の行事により休むこともある。原則参加無料で材料費がかかる場合もある。センター室は北上市藤沢21の180の1、電話は0197・72・6856。

出典：2017年4月6日岩手日報朝刊

1．この記事と関連のある言葉を調べてみましょう。

（1）記事のなかに「地域子育て支援センター」とありますが、これはどのような役割と機能をもった施設ですか？

（2）（1）に関連したものとして、地域子育て支援拠点事業がありますがそれは何ですか？

2．この記事を読んだ感想をまとめてみましょう。

3. 解　説

（1） 地域子育て支援センター

地域子育て支援センターとは、乳幼児を育てている地域の親子が集う場所です。ここでは、保育者が中心となり、親子の集う場や相談などの子育て支援を実施しています。子育ての悩みに寄り添いともに考えてくれる支援者との出会いの場となりえます。

1993（平成5）年に「保育所地域子育てモデル事業」として創設され、1995（平成7）年に「地域子育て支援センター事業」と名称を変更し実施されていました。現在は、「地域子育て支援拠点事業」の「一般型」としてそれらを引きついでいます。

子どもが成長・発達する上で家庭が「安心・安全な場」であることは、大切です。しかし、子どもとその家庭だけで「安心・安全な場」としての家庭を作ることが困難な状況になってきています。

3歳未満児の子どものうち、約7～8割の子どもは家庭での子育てが中心となっています。また、核家族化が進むなか、親族や地域とのつながりも希薄となってきています。このことから、子育てについて自分の親や近所の人に相談したり、育児を手伝ってもらったりといったサポートを受けられない家庭も少なくありません。また、日本の男性の子育てへの関わりの少なさが母親の子育て不安を高めています。乳幼児に関わる多くの母親は子育てに悩みながらも、在宅で他の大人や子どもとの関わりもないなかで孤独に子育てをしています。家庭における子育ての孤立化は、母親の不安感や負担感にもつながり、虐待など不適切な養育のリスクも高めてしまいます。身近な地域の中に、子育て中の親子が気軽に集い、相互交流や子育ての不安・悩みを相談できる場が必要です。ここに、地域子育て支援センターの大きな役割と機能があります。

（2） 地域子育て支援拠点事業

この事業は、「地域の子育て支援機能の充実を図り、子育ての不安感等を緩和し、子どもの健やかな育ちを促進することを目的とする」子育て支援事業です。従来の「地域子育て支援センター事業」と「つどいの広場事業」が再編され、2007（平成19）年度に、「ひろば型」「センター型」「児童館型」の3つのタイプで創設されました。現在は「ひろば型」「センター型」が「一般型」となり、「児童館型」が「連携型」となり、2タイプです。

事業の実施にあたっては、児童館も活用しながら、地域における子育て支援の拠点の大幅な拡充を図ることが求められています。

実施主体は市区町村ですが、社会福祉法人、NPO法人、民間事業者などへの委託もできます。

基本事業としては子育て家庭の親とその子どもを対象として、①交流の場の提供と交流の促進、②子育て等に関する相談・援助の実施、③地域の子育て関連情報の提供、④子育ておよび子育て支援に関する講習等の個別的な支援の実施です。

一般型では、保育所、公共施設の空きスペース、空き店舗、民家など常設の「拠点施設」を開設しています。対象となる年齢は概ね3歳未満児とされ、主に未就園の子どもです。基本事業に加えて、市町村の委託等の一時預かり事業、放課後児童健全育成事業、乳児家庭全戸訪問事業、養育支援訪問事業、出張ひろばや地域支援等を行う等、子どもの育ちと子育てを支える地域づくりに取り組むことができます。

連携型では、児童福祉施設等多様な子育て支援に関する施設に親子が集う場を設け、子育て支援のための取り組みを実施します。主として児童館での実施が想定されています。基本事業に加えて、地域の子育て力を高めることを目的として、中・高校生や大学生等ボランティアの日常的な受け入れ・養成を行うこともできます。

引用・参考文献

阿部和子『家庭支援論』萌文書林、2015 年
橋本真紀・山縣文治『よくわかる家庭支援論第 2 版』ミネルヴァ書房、2015 年
井村圭壮・相澤譲治『保育と家庭支援論』学文社、2015 年
井村圭壮・松井圭三『家庭支援論の基本と課題』学文社、2017 年

（前嶋　元）

記　事

イクボス 育成中

仕事と育児 両立の職場へ

部下の育児参加に理解のある管理職「イクボス」を養成しようと、企業が研修などに取り組んでいる。大手による「イクボス企業同盟」には、140社以上が参加。仕事と生活の調和を図るワーク・ライフ・バランス（WLB）を進め、多様な人材が活躍する職場をつくる狙いがある。

管理職の研修　企業取り組む

健康食品会社「サントリーウエルネス」の健康科学研究所（京都府精華町）。商品開発グループを統括するAさん(49)が、子育て中の女性社員らとタブレット端末でスケジュールを確認していた。

「明日は早めに退社し、自宅でテレワーク（会社以外での勤務）します」。部下のBさん(42)が報告すると、Aさんは快諾した。

Bさんは、小学校に進学した長女と過ごす時間を増やすため、4月はテレワークを多用したスケジュールを組んだ。管理職であるAさんは、そうした家庭の事情も把握している。

サントリーグループは、昨年4月にイクボス企業同盟に参加した。社員が育児をしやすい職場をつくろうと、管理職への研修などを進めている。

Aさんにも高校生と大学生の子どもがいるが、かつては仕事に追われ、あまり育児に携われなかったという。今は「家庭を犠牲にする必要はない」と考え、育児をしながら業務の成果を上げられるよう、環境整備にも取り組む。

その一つが、2人1組で業務の情報などを共有する制度だ。社員が休暇やテレワークを取る際、会社でしかできない作業があれば、ペアの1人が補い、業務が滞らないようにした。中井さんも朝早めに出社して部下とコミュニケーションを取り、仕事や家庭で困ったことがないか目配りする。

Aさんは「子育てと仕事が両立する職場にできれば、優秀な人材確保にもつながるはずだ」と語る。

イクボス　育児に理解のあるボス（上司）の略称。部下のWLBを考えて応援するだけでなく、自らも仕事と私生活を楽しみながら、業績を上げることも求められる。

男性の休業取得進まず　15年度2%

イクボス企業同盟は、NPO法人「ファザーリング・ジャパン」（東京）が呼びかけ、2014年12月に発足。全日空やみずほフィナンシャルグループなど148社（17日現在）が参加する。

子育てに積極的に参加する男性「イクメン」を増やそうと活動していた同法人が、イクボス養成を後押しするようになったのは、男性の育児休業の取得が進んでいないからだ。厚労省の調査では、15年度の育休取得率は女性81・5%に対し、男性は2・65%だった。

同法人理事のCさんは、かつて三井物産に勤務し、系列企業の社長として社内でWLB推進を呼びかけた。その際、最も苦労したのは、中高年の男性管理職を説得することだったという。「育休取得が進まないのは、管理職の理解がないことが理由だ。こうした観点で企業を評価するような仕組みを作るなどして、イクボスを根付かせたい」と話す。

出典：2017年5月22日読売新聞朝刊

1．この記事の言葉を調べてみましょう。

（1） イクボスが必要となった背景は何ですか？

（2） NPO法人ファザーリング・ジャパンとはどういう団体ですか？

2．この記事を読んだ感想をまとめてみましょう。

3. 解　説

（1） イクボス導入の背景

ワーク・ライフ・バランスは単に「個人の仕事と生活の調和」を意味するだけでなく、伝統的な性役割分業や男女の不平等を打開するための重要なキーワードでもあります。夫婦ともに仕事をしている子育て家庭では、夫婦間の家事・育児の役割分担が重要になっています。しかし、女性のみが「仕事・育児・家事」の３つを全力でこなさなくてはいけないことが多い状況です。専業主婦である・ないに関係なく、「女性の育児・家庭の負担が大きい」という声が多く上がっています。その一方で、男性の育児時間そのものは、昔に比べ増えていますが、西欧諸国に比べて日本の男性の家事・育児時間はまだ少ないのも事実です。大半の男性（父親）が家事・育児に関わる時間は微増でしかなく、共働きが当たり前になった今日でも、女性の負担軽減には十分貢献できていない状況にあります。また、パートナーの単身赴任や病気などのやむをえない事情がないにもかかわらず、「同居しているのに、育児を実質的に一人で女性がやっている」という不満が「ワンオペ育児」という言葉として可視化されてきました。今では、「育児をする男たち（メン）」の略称である「イクメン」という言葉が一般化してきました。「男性が育児や家事をするのが当たり前」ということが、社会通念として徐々に浸透してきています。しかし、現在においても実質的に多くの時間に関わるのは女性となっています。

新聞記事のイクボスの解説では、「育児に理解のあるボス（上司）の略称。部下のWLBを考えて応援するだけでなく、自らも仕事と私生活を楽しみながら、業績を上げることも求められる」と書かれています。WLBとはワーク・ライフ・バランスのことです。男性の家事・育児の参加、育休取得の問題を解決する一つの方法としてイクボスは有効なものとなる可能性があります。

（2） NPO法人ファザーリング・ジャパン

NPO法人ファザーリング・ジャパン（Fathering Japan）は父親支援による「Fathering=父親であることを楽しもう」の理解・浸透に力を注いでいます。これこそが、「よい父親」ではなく「笑っている父親」を増やし、ひいてはそれが働き方の見直し、企業の意識改革、社会不安の解消、次世代の育成に繋がり、10年後・20年後の日本社会に大きな変革をもたらすことを信じ、これを目的（ミッション）として、さまざまな事業を展開しています。近年、「Fathering」の意識をもった若い世代の男性たちが、確実に増えています。しかし日本の職場や社会の意識は旧態依然のままであり、長時間労働を強いる会社と、子育てに参加して欲しいと願う妻のプレッシャーに挟まれ、「ワーク・ライフ・バランス」に苦しんでいるのが、そうした子育て世代の父親たちであります。こうした父親たちを支援する団体がNPO法人ファザーリング・ジャパンです。

父親本人への支援プログラムにおける留意点として次のことが考えられます。父親は、仕事上、目的を決めて行動する思考になれています。父親が育児をする意味や価値など、父親へ伝える知識や情報の論理的な提示を心がけることが大切です。父親支援の企画は体を動かす、物を作るなどの目的や活動があると参加しやすいです。参加するきっかけは父子で遊ぶことであっても、父親同士が知り合いになれる話し合いの場面も計画に含めます。父親にも育児仲間が必要なのは母親と同様です。男性も、子育てをする親の一人として子どもと関われる環境づくり、すなわち育児休暇取得率が上がることが、とても大切であります。父親が母親のよき理解者となり、子育てを支えるよきパートナーとなることで共に成長していけます。

引用・参考文献

井村圭壯・松井圭三『家庭支援論の基本と課題』学文社、2017 年
厚生労働省『厚生労働白書（平成 25 年版）』
倉石哲也・伊藤嘉余子監修　伊藤嘉余子・野口啓示編著『はじめて学ぶ子どもの福祉 10　家庭支援論』ミネルヴァ書房、2017 年
松本園子・永田陽子・福川須美・堀口美智子『実践　家庭支援論（改訂版）』ななみ書房、2014 年
NPO 法人ファザーリング・ジャパンホームページ http://fathering.jp/

（前嶋　　元）

第13章　要保護児童およびその家庭に対する支援

記　事

「仕事 辞めるしかない」

医療の進歩に伴い、たん吸引や栄養剤注入など「医療的ケア」が必要な子供が増加している。こうした子の保育所入所について、全国の主要自治体の多くで入所者ゼロであることが毎日新聞の調査で分かった。「働きたくても働けない」「子供同士が遊び、成長する機会が得られない」――。孤立する親子の現状や、受け入れ準備を進める自治体の取り組みを報告する。

輪の中へ　医療的ケア児と保育所　上

「働きながら子育てして、もう一人子供を産んで……思い描いていた家族計画は崩れ去りました」。東京都内に住む母親(37)は、力なく話す。

看護師として働いてきたが、長女に遺伝子疾患が見つかった。3歳になった今も首が据わらず、歩行も困難。鼻から胃に栄養剤を注入する医療的ケアが必要だ。それでも職場復帰を諦めず、主治医から「集団保育が可能」とお墨付きを得て、2014年10月に入所を申し込んだ。

●「会社休めますか」

区役所の担当者から「保育所の看護師が休みの日は仕事を休めますか」「早朝と延長保育の時間は人員不足。時短制度を利用できますか」と聞かれた。だが、勤務するクリニックも人手不足で早番や遅番もある。退職を決意すると、入所「不承諾」の通知が届いた。母親は「医療的ケアがあることで就労を制限された。子供が子供の中で生き生き過ごせるようにサポート体制を整えてほしい」と訴える。

横浜市のAさん(36)の次女Bちゃん(4)は、心臓から血流をうまく送り出せない難病「左心低形成症候群」で、酸素ボンベが欠かせない。聡子さんは正社員として勤めていた会社を退職せざるを得なかった。

現在は娘を看護しながらベビーシッターとして自宅で赤ちゃんを預かる。横浜市は保育所の入所審査で医療的ケア児に対してポイント加算をしていない。Aさんは「医療的ケアが必要な子を産んだら預け先もなく正社員を辞めるしかない。自営業だとポイントが低いし、フルタイムで働くお母さんに負ける。どうすればいいのですか」と困惑する。

●9歳以下1万人強

厚生労働省の実態調査（中間報告）によると、医療的ケア児は0～4歳が全国に約6100人、5～9歳が約4100人いて、増加傾向にある。

しかし、保育の受け皿作りは進んでいない。毎日新聞が調査した政令指定都市、道府県庁所在地、東京23区の計74自治体のうち、医療的ケア児を保育所で預かっているのは40市区。東京都品川区は受け入れない理由を「マンパワー不足」と答えた。高松市は「0歳児クラスは3人に1人の保育士が必要。公立園では看護師も保育士の一人としてカバーしてもらっているので医療的ケア児への対応は難しい」と説明した。現在は保育士も研修を受ければ特定のケアは対応可能だが、北九州市は「研修には日数が必要で、実習も大変。命の危機管理の問題につながる」と回答した。

「現時点で受け入れていない」と明言した12市区以外でも、入所児童がゼロの自治体は多かった。「個別に判断し、入所の可否を決める」と回答した高知市は「医師が集団保育を可能と判断しても、保護者が来所してケアできなければ受け入れられない」。東京都千代田区や松江市は「申し込みがなかった」と回答。しかし実際には母親が看護のために仕事を辞めていたり、相談段階で「前例がない」と難色を示されたりして、入所を諦めるしかなかったケースも多いとみられる。

NPO法人フローレンスは「障害児保育園ヘレン荻窪」（東京都杉並区）を2年前にオープンさせ、医療的ケア児10人を預かる。入園するために杉並区に引っ越してきた家族もいるという。

●集団生活機会奪う

遠藤愛園長は「同世代の子から受ける刺激は発達に欠かせない。集団生活の中で子どもはより成長する」と指摘する。声を出せなかった子供が話せるようになったり、口に物を入れるのを嫌がっていた子供が、他の子が食べる姿を見て積極的に食べるようになった事例もあったという。遠藤園長は「医療的ケアのために親が就労機会を奪われたり、子が保育園から排除されたりしないように、どう支えるかを考えるのが社会の責務」と話す。ニーズが多いことから、フローレンスは7月に豊島区で2園目を開園した。来年2月には世田谷区でもオープンする。

【坂根真理、中川聡子】

出典：2016年12月23日毎日新聞朝刊

1．言葉を調べてみましょう。

近年、「医療的ケア」という言葉をメディアなどで見聞きすることが増えてきています。「医療的ケア」は高齢者や障がい児に対する在宅での支援を行うために避けて通ることのできない課題です。「医療的ケア」がどのような行為を指しているのかを調べてみましょう。

2．事例　就学する前、医療的ケアを必要とする子ども達の行き場は？

A さん（35 歳）は 2 年前に医療的ケアを必要とする子どもを出産した。その後、子どものことで夫とけんかが絶えなくなり、昨年離婚をした。子どもの親権は母親が持つことになったが、親子 2 人の暮らしになり、経済的に困窮した状態が続いた。子どもが 2 歳になったのを機会に、仕事を探そうとしたのだが、役所に相談したところ、「現時点で市内の認可施設で医療的ケアの必要な子ども預かることのできる施設はありません」との返答だった。また、いくつかの認可外の施設にも相談したが、どこも預けることは難しいようだった。今、A さんは医療的ケア児を預けることがいかに大変であるかを痛感している。

事例を読んで、あなたの感想をまとめてみましょう。

3．事例を読む視点

医療的ケア児とは

医療的ケアとは病院以外の場所で、気管に溜まったたんを吸引する「たん吸引」や、チューブを使って、鼻やお腹の皮膚を通じて、胃に直接や栄養を送る「経管栄養」など、生きていく上で必要な医療的援助のことです。

文部科学省の特別支援学校等の医療的ケアに関する調査によると、全国の公立特別支援学校において、日常的に医療的ケアが必要な幼児児童生徒は 8,116 名で、特別支援学校の児童・生徒の総数に対する割合は 6.0％でした。また、2016（平成 28）年度には、延べ 2 万 5,900 件の医療的ケアが行われており、一人で複数の医療的ケアを必要とする幼児児童生徒が多い状況にあります。2006（平成 18）年度の同調査での医療的ケアを必要とする幼児児童生徒の数は 5,901 名であり、この 10 年間で約 2,200 名増加しています。

これまで、こうした医療的ケアを行うことができるのは家族や医療従事者とされてきました。そのため、特別支援学校では看護師が中心となって医療的ケアを提供してきましたが、それだけでは必要なケアを満足させることができないため、教員が認定特定行為業務従事者として医療的ケアを行っているのが現状です。

①　今日、記事にあるような「医療的ケア児」が増加しているのはどのような理由があるからでしょうか。

② 「医療的ケア児」への保育所などへの受け入れが進まなかった背景にはどのような理由があるのでしょうか。

③ 今後、「医療的ケア児」のいる家庭に対してどのような支援がなされていくべきだと思いますか。

4. 解　説

（1）医療ケア児について

記事にある「医療的ケア児」ですが、その数が増加している背景には近年のめざましい新生児医療の進歩があります。各地の周産期母子医療センターを中心にNICU（新生児集中治療室）が新設され、生まれたばかりの赤ちゃんであっても手術や治療が可能になり、日本では2016（平成28）年の新生児死亡率は0.09%にまで低下しています。以前なら出産直後に亡くなっていた、超低出生体重児や早産児、先天的な疾病を持つ子どもなどでも助かることが多くなってきました。それと同時に、命は助かっても、重い障がいをともなってその後の人生を歩まざるを得ない子どもも増加傾向にあります。

重度の肢体不自由と知的障がいとが重複した状態を重症心身障がいといい、その状態にある子どもを重症心身障がい児といいます。重症心身障がい児は診断名ではなく、行政上の措置を行うための呼称で、一般的には大島分類という方法により判定されており、日本ではおよそ4万3,000人いると推定されています。その中でも常に医学的管理下に置かなければ、呼吸も栄養摂取も排泄することも困難な障がい状態にある人を超重症児と呼んでいます。医療的ケアの問題はもともとこの超重症児において取り上げられてきた経緯から重症心身障がい児の問題と捉えられてきました。今日、医療技術の進歩や社会全体の急速な変化に伴って、従来の福祉制度や福祉資源では対応することが難しい新たな課題が次々に現れています。この記事の「医療的ケア児」も、さまざまな理由から生存のために医療的ケアを必要としていながら、従来からの重症心身障がい児の範囲には含まれない子どものことです。

（2）医療的ケアと保育所について

ここで言う医療的ケアとはどのようなものを指しているのでしょうか。大きく分けると呼吸管理、栄養管理、排泄管理の3種類の行為になります。このいずれもが、我が国では広義の医療行為として規定されていますが、こうした行為を「医師自身もしくは医師の指示に従って医師以外の医療従事者がおこなう」とした医療行為と同様に扱うならば、必要な患者全てに行うことは困難になります。したがって、在宅医療を成立させるためにも、痰の吸引や経管栄養の注入などの行為は、医師の指導のもとで家族が行うことが認められた、日常生活に必要とされる医療的な生活援助行為とされています。

介護の分野では一足先にこの問題が顕在化しており、介護施設などでは看護師だけではこうした医療的ケアを担うことは不可能であったため、2012（平成24）年の「社会福祉士および社会介護福祉士法」の一部改定によって医療従事者と家族以外で「たんの吸引その他の日常生活を営むのに必要な行為」の実施が可能になっています。同時に特別支援学校の教諭などにおいても、この制度を用いて認定特定行為業務従事者として研修を受けることによって医療的ケアができるようになっています。記事の「現在は保育士も研修を受ければ特定のケアは対応可能だが」の部分はこの制度を使っての対応を指しています。公立の特別支援学校の場合とは異なり、医療的ケアの恒常的ニーズが不透明な中での看護師の雇用や研修対応などは私立の保育所においては難しい部分もあるでしょうが、今後は、看護師の配置だけではなく保育士の医療的ケアへの対応の進展も望まれています。2016（平成28）年に施行された「障害者差別解消法」によって、障がいを持った人への不当な差別的取り扱いが法的に禁止され、社会のさまざまな場面で障がい児の受け入れも次第に進みつつある現実の一方で、記事にあるような保育所で集団生活を受けさせたくても未だ環境の整わないケースも依然として残っています。今後は、本当の意味でのインクルーシブな社会環境が整うように、国や自治体には基礎的な環境整備を充実させていくことが求められています。

（3）「医療的ケア児」への福祉的対応

先述したように、医療的ケアとはそもそも重症心身障がい児の在宅医療にとって必要だとされてきた経緯があります。しかし、記事にあるような「医療的ケア児」の場合、高度な医療的ケアを継続的に受ける必要があるものの、知的障がいが軽度であったり、歩行移動ができれば、重症心身障がい児とは判定されないケースも多くあります。従来の福祉的サービスは重症心身障がい児を想定して作られており、医学的管理の必要な点を除けば、保育室でみんなと遊んだり、行事に参加することもできるような、医師が集団保育が可能と判断するような「医療的ケア児」に対しては、支援が行われることが難しい現状があります。例えば、児童発達支援に関するさまざまなサービスを事業者が行う際に、そこに支払われる報酬は、重症心身障がい児に対しては特別な加算措置がとられています。それに対して、「医療的ケア児」に対してはそのような措置はありませんでした。したがって、業者のサービスは自然と重症心身障がい児中心にならざるを得なくなり、その結果、「医療的ケア児」は自然と支援の枠外に置かれることになっていったのです。

2016（平成28）年5月に「児童福祉法」と「障害者総合支援法」が改正され、その中で「医療的ケア児が、地域において必要な支援を円滑に受けることができるよう、地方公共団体は保健、医療、福祉その他の各関連分野の支援を行う機関との連絡調整を行うための体制の整備について必要な措置を講ずるよう努めることとする」と定められました。「医療的ケア児」のいる家庭が抱えるニーズはさまざまなものがあると言われていますが、この法改正が病院から家庭、地域への環境移行の支援やコーディネートや相談等の体制の充実などにつながっていくことが期待されます。記事では、医療的ケアに対応できる保育、療育資源が乏しい現状を中心に紹介されていますが、この他に、家族が抱える問題として取り上げられるのが、経済的、精神的、そして身体的な負担です。特に、呼吸管理に関するケアは原則24時間対応することが求められるため、介助者に強度の身体的、精神的な負担を求める現状があります。また、記事にもあるように、就労を継続したりパート等によって収入を得ることが難しいことから、多くの家庭では経済的にも厳しい状況にあります。こうした中で、保護者へのレスパイトケアの充実は数ある医療的ケア児への支援の中でも優先度の高い支援かもしれません。

引用参考資料

「平成28年度　特別支援学校等の医療的ケアに関する調査結果について」文部科学省初等中等教育局　特別支援教育課

「平成28年人口動態統計月報年計（概数）の概況」厚生労働省　人口動態・保健社会統計室

（水田　茂久）

記　事

くらしナビ　ライフスタイル

暴力で支配　子にも連鎖

消えない傷　DV家庭に育って　1

ドメスティックバイオレンス（DV）の検挙数が最近10年で5倍以上に増えている。家庭内でのDVは目撃した子供への児童虐待になるが、ケアは不十分なままだ。DV家庭の子供は、親と離れても暴力の幻影から逃れられず傷ついている。子供たちに何が起きて、どのような影響が及んでいるのか、当事者の声を中心に4回にわたり報告する。

●成人後、加害者側に

「お父さんのことは思い出したくない」。高校3年生のあきらさん(18)＝仮名＝は疲れた表情でつぶやいた。幼少期から父が母を殴り「死ねばいい」と罵倒する姿を見てきた。父の暴力はあきらさんにも及び、顔を合わせるのが怖くて父が仕事から帰宅する前に布団に入って眠ったふりをした。いつ怒り出すか分からない父におびえ、気を張りつめる日々。あきらさんは絵日記を書いて、気持ちを吐き出してきた。

＜12月23日土曜日＞

きょう、ねんがじょうをやらないでおとうさんに　たたかえたりけられてりしました。かなしかった。これからはちゃんとやります。（原文まま）

小学校低学年の時に書いた絵日記には、あきらさんの泣いた顔が描かれ、着ている服には真っ黒に塗られた父の足形がくっきりと残る。謝っても許してもらえず、蹴られて床に倒れたあきらさんに父は「立て」と命令し、起き上がったところを再び蹴られた。

土下座をして父に謝っている場面、母が寝込んでしまい子供だけで夕食を食べている場面……。幼稚園の時から小学3年生ごろまで描きためた絵日記は20冊を超える。

父の暴力がエスカレートし出した中学3年生の時、母と妹と家を出た。婦人相談所の一時保護所に入所させてもらえなかったため、民間シェルターへ避難した。

「何で切らしているんだ！」「家のことができてない！」。かつて父が母に投げつけていた言葉を、今はあきらさんが母に投げつけ責める。母は「まるで息子が夫のコピーみたいで怖いときがある」。あきらさんは「父のようになりたくはないけど、つい言葉が荒くなってしまう。自分でもどうしたらいいか分からない」と心境を語った。

こうしたDV家庭で育った子供たちの心理カウンセリングをしている武蔵野大の春原由紀名誉教授（児童臨床学）は「暴力の支配が当たり前の中で育つと、暴力で人を支配することが普通のこととして子供たちにインプットされてしまう。DV家庭で育った子供が大人になってDV加害者になるケースも多い。暴力の世代間連鎖は深刻。連鎖を断つには、子供の心のケアをしっかりした方がよく、ケアは早ければ早いほうがいい」と話す。

●支援の枠の外

DV防止法では、子供は被害女性の「同伴者」の位置づけにとどまり、独立した「DV被害者」とはみなされていない。

2004年の児童虐待防止法改正で、DVを目撃することが心理的虐待「面前DV」になると定められた。16年に警察が児童相談所へ虐待の疑いを通告した子供の人数は5万4227人。そのうち面前DVが半分近くを占める。

お茶の水女子大の戒能民江名誉教授（ジェンダー法学）は「DV防止法上で子供が直接の被害者ではないから支援策は乏しいまま。これだけ面前DVが増えているのだから法整備が必要」と指摘した。

毎日新聞が昨年12月～今年2月に実施したアンケートから、DV家庭で育った子供たちの様子が浮かんだ。北海道の民間シェルターでは、避難してきた女児（当時4歳）が父と同じ口調で「こんな飯、食えるか」と怒鳴り、母に暴力をふるったという。父が母をばかにするところを見て育ったため、同じように母をばかにするようになり、母子関係は悪化。女児は児童養護施設に入ることになった。

シェルターの代表者は「母子関係が壊れて、児童養護施設や里親に預けられる子供もいる。DVは子供たちにかなり深刻な影響を及ぼすが、あまり知られていない。恐怖の状況に長くいれば回復にも多くの時間がかかるのに、支援が忘れられている」と言葉に力を込める。

●自傷や不登校も

アンケートでは「リストカットなど自傷行為が止まらない」「多動で落ち着きがなく発達障害の診断を受けた」「父親からの性的虐待を経験した子の避難が増えている」との回答も寄せられた。

またDV被害に遭った子供が、転校した先の学校で、先生が「わけありで転校してきた」とクラスの保護者会で紹介したため、「犯罪加害者の家庭の子供だ」という誤解が広がり、学校に通えなくなったケースもあった。

関東地方の民間シェルター代表者は「避難したら、めでたしではない。子供はずっと傷を背負う。親は子供が見ていないから大丈夫と思っても、扉の向こうの大きな声や物音におびえている。見ていなくても知っている。子供はDV被害者だ。早急に支援していくべきだ」と話した。

絵日記は今も大切に保管されている＝あきらさんの自宅で、坂根真理撮影（画像の一部を加工しています）

出典：2017年4月26日毎日新聞朝刊

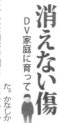

1．言葉を調べてみましょう

ドメスティック・バイオレンス（DV）は、今ではあえて説明することもないほどよく聞く言葉になっていますが、ここで改めて「DVとは何か」簡単に調べてみましょう。

2．事例　暴力の連鎖が起こる背景には

B子さん（25歳）は交際しているAさん（27歳）から結婚を申し込まれた。しかし、B子さんはこの申し出に即答できなかった。長い交際を経ての申し出とあって、とても嬉しかったのだが、そこには結婚に踏み切れない自分がいた。それはAさんの行動に原因があった。Aさんは普段はとても温和で、B子さんに対してもとても優しい青年だが、時々自分が思ったように事が運ばないと、周囲を口汚くののしったり、かっとなって周りに八つ当たりすることがあった。そんな後、Aさんは「暴力的な親父だったため、自分もこうなってしまったのではないか」と話していた。結婚の申し込みから半年、B子さんはまだ答えを出せないでいる。

事例を読んで、あなたの感想をまとめてみましょう。

3．事例を読む視点

DV とは、ドメスティック・バイオレンス（domestic violence）の略で、我が国では「配偶者や恋人など親密な関係にある、またはあった者から振るわれる暴力」という意味で使用されています。DV というと身体的な暴力をイメージしがちですがそれだけではありません。心理的、経済的、性的なさまざまな暴力をもすべてを含んだ暴力のことを言います。DV は大きく 5 つの種類に分類されています。「身体的暴力」、「心理的暴力」、「性的暴力」、ここまでは、虐待とほぼ同様の被害者への攻撃のパターンです。そして、被害者の経済的自由を許さない「経済的暴力」と被害者をある種の監禁状態に置く「社会的隔離」が加わります。加害者がそうした行為を行うのは自分への愛情の現れで「私が悪いからだ」と思ってしまう被害者もいるようです。

DV という言葉が一般化していく過程で、DV による暴力の実態はどうなっているのでしょうか。「配偶者からの暴力の防止及び被害者の保護等に関する法律」2014（平成 26）年改正（通称：DV 防止法）の成立以降、全国に設置された配偶者暴力相談支援センターにおける相談件数は一貫して増加の傾向をたどっています。2006（平成 18）年には 5 万 8,528 件だった相談件数は、2016（平成 28）年で 10 万 6,367 件と右肩上がりに上昇しています。また、警察に寄せられた配偶者からの暴力事案等の相談等件数もこの 10 年間で 1 万 8,236 件から 6 万 9,908 件へと増加を示しています。さらに DV の増加に伴って、DV 家庭で育つ子どもも増えています。直接の DV 被害者ばかりでなく、DV 家庭で育つ経験は、暴力によって自己の欲求を満足させたり、ストレスを発散させたりする方法の学習につながっています。また、そればかりでなく、PTSD という精神の不調を媒介として、自身の暴力行動とも関係しています。

（1）記事の中にも書かれている、「暴力の世代間連鎖」について考えてみましょう

（2） 目の前で暴力を目撃し、心にダメージを負う「面前 DV」をはじめとした虐待の被害児には、どのようなケアが求められていると思いますか。

（3） DV 被害者は法律によってどのように守られ、支援されているのでしょうか。

4. 解　説

（1） DV被害と子ども

2001（平成13）年に、「DV防止法」が施行されて以来、DV（ドメスティック・バイオレンス）は広く一般の人々にも理解されるようになってきました。この「DV防止法」は、記事の中にもある2004（平成16）年の「児童虐待防止法」改正に期を同じくして、「被害者の保護が不十分である」という理由から一部改正されました。退去命令が2週間から2か月に延長されると同時に、保護命令の対象に子どもも加えられ、元配偶者にも保護命令を発することができるようになりました。また「配偶者間の暴力」の定義は拡大され、そこには身体に対する暴力のほか、精神的暴力、性的暴力も含むことが改めて確認されました。かつて「夫婦喧嘩は犬も喰わない」と言われてきたように、我が国では長い間夫婦間の暴力は犯罪のうちに入らないと考えられてきました。警察も夫婦や親子の間のトラブルに対してはほとんど関与せず、よほどのことがない限りは介入することはなかったことを考えると、今日のDVに関する法整備には長足の進歩を感じます。

そして、この時期から注目されるようになってきたのが「忘れられたDV被害者」としての子どもの存在です。DV被害者として配偶者や恋人に注目が向けられる一方で、家庭の中で子どももDVの被害に遭い、深刻な影響を受けていることは、一部の専門家の間では指摘されていたにもかかわらず、社会全体の支援や保護の方向は子どもには向けられていませんでした。しかし、子どものDV被害の実態が明らかになるにつれて、「DV防止法」や「児童虐待防止法」が改正され、DVは子どもへの心理的虐待とみなされることになりました。特に、親が子どもの目の前で暴力をふるう、いわゆる「面前DV」はDV家庭に育つ多くの子どもたちが経験しています。しかも、DV被害はできるだけ早期に適切な対応を行わないと、子どもの心を傷つけ、偏った対人関係スキルの獲得などの将来的な影響を与えてしまうおそれがあります。

（2） DVと家族の課題

従来から、アルコール依存症の家族の示す特徴的な様態は「共依存」という言葉で説明されてきました。この言葉は、依存症の本人はその家族に依存し、その家族も依存症の人に依存しているという互いに依存し合っている状態をさしています。また、DVの被害者や加害者の間にもこのような持続的な共依存の関係が見られるケースがあることも指摘されています。DV被害者がなかなか暴力被害の相談をせず、いったん加害者とは別れても再び関係を続けていくことが多いのは、DVの家庭やカップルの間にこのような関係性が作られていることが原因のひとつだと考えられています。また、暴力の続く環境の中で生活していかざるを得ない過程で、自分の力ではその環境を変えることができないという認知は、無気力な状態（学習性無力感）を生み出し、結果として通報や相談をできにくくしているという見方もあります。

DV家庭の子どもの場合、持続的な激しい暴力の中で育つことになります。そのような環境では、直接の自分に対する暴力の有無に関係なく、心理的に大きな傷を抱えることになり、PTSDのような状態に至ることも少なくありません。また、子どもは本人の意図とは関わりなく自分や周囲に対する暴力と支配の行動様式を学習して、それを再現するようになります。これらがいわゆる「暴力の連鎖」と呼ばれるメカニズムです。

（3） DV 被害への対応

「DV 防止法」は、通報、相談、保護、自立支援などの体制を整備することによって、DV 被害者の人権や安全を守ることを目的として制定されました。そこでは、まず都道府県には配偶者からの暴力の防止および被害者の保護を図るため、DV に関連する相談や情報提供、一時保護、自立支援などを行う、配偶者暴力相談支援センターの設置が義務づけられました。また、市町村においてもその設置は努力義務とされ、2016（平成 28）年度には全国の総計 272 か所のセンターに、10 万 6,367 件の相談が寄せられています。加害者からの暴力から逃れる方法として、一時保護の制度があります。DV は被害者の生命の危険を伴うこともあり、緊急避難の際の安全な場所を確保するために、都道府県の婦人相談所や一定の基準を満たす母子生活支援施設、民間シェルター等に委託しての一時保護のための施設が設けられています。こうした DV 被害の相談件数の増加に対して、婦人相談施設の一時保護の在所率は、全国平均で 33.1%（2016）と低迷しており、DV 被害者への支援に関しては課題も残されているようです。加害者から逃れたい時に、加害者が被害者に対して近寄らないようにすることができる保護命令の制度があります。保護命令とは被害者の申し立てによって裁判所が下す命令で、一定の期間、加害者に被害者への接近禁止や住居からの退去を命じることができます。また、ストーカー行為等について必要な規制を行うとともに、その被害者に対する援助の措置等を定める「ストーカー行為等の規制等に関する法律」によって、警察が警告や禁止命令等の措置を講じることが可能になっています。その一方で、DV 加害者への対応に関しては、本人の更生の意思の有無にかかわらず、制度的な対応の道筋は見えていません。我が国では、DV 加害者を更生プログラムに参加させる法的整備は進んでおらず、現状では加害者の更生を支援する民間団体の活動にゆだねられているのが現状です。

引用参考

「配偶者暴力相談支援センターにおける配偶者からの暴力が関係する相談件数等の結果について」内閣府男女共同参画局

「平成 28 年社会福祉施設等調査の概況」厚生労働省

（水田　茂久）

第14章　子育て支援における関係機関との連携

記　事

営利目的 元理事ら有罪

養子あっせん 千葉地裁判決

営利目的で特別養子縁組をあっせんしたとして児童福祉法違反に問われた民間業者　A　の元理事、Bさん（36）と元代表理事、Cさん（32）の両被告に対し、千葉地裁は13日、懲役1年6月、執行猶予3年、罰金50万円（求刑・懲役1年6月、罰金50万円）の判決を言い渡した。

高木順子裁判長は「児童の福祉への配慮を一顧だにしなかった」と述べた。

高木裁判長は「利得を目的とし、法の理念に真っ向から反した」と指摘。B被告が主導し、C被告も不可欠な役割を果たしたとして、両被告とも「主体的に関与した」と結論づけた。

判決によると、両被告は共謀して昨年4～6月、東京都内の夫婦に「優先して養子をあっせんする」と持ちかけるなどして計225万円を受け取り、神奈川県内で生まれた男児を引き渡した。【斎藤文太郎】

出典：2017年7月13日毎日新聞夕刊

1．調べてみましょう

（1） 虐待を発見するには、どのようなことに注意したらよいでしょうか。虐待のサインとはどのようなものでしょうか。

（2） 要保護児童対策地域協議会について調べ、その役割を記述してみましょう。

2．記事に対する率直な感想を記述してみましょう。

3. 解　説

(1) 児童虐待とは

虐待は、子どもの健全な成長を妨げ、その人権を脅かすものです。そのため、虐待の早期発見・早期対応は、重要なものとなります。虐待を発見するためには、子どもと日々接する機会の多い専門職が虐待のサインに気づき、対応することが求められます。また、緊急性の高い場合は、早急に児童相談所への通告が求められます。

〔緊急性の高い場合の例〕

- 子どもの生命に危険が及ぶ（冬季に外に出す、食事を与えない、外傷、高温の車中などに放置、衰弱、捨て子など）
- 子どもや保護者が救済を求め、訴える内容が切迫している。
- 頭部や顔面、腹部などのアザが繰り返されている。
- 慢性的にあざや火傷（タバコや線香などによる）が繰り返されている。
- 確認には至らなくとも、性的虐待が強く疑われる。
- 親が子どもに必要な医療処置をとらない。

児童虐待の定義については15 章 140 頁を参照下さい。

(2) 虐待の早期発見・早期対応

虐待の早期発見・早期対応のためには、さまざまな対策が行われています。乳児家庭全戸訪問事業（こんにちは赤ちゃん事業）もその一つですが、要保護児童対策地域協議会において、地域の専門職者・関係者が集まり、虐待対応のネットワークの強化を図っています。

要保護児童対策地域協議会とは、要保護児童の早期発見や適切な保護を図るため、関係機関がその子ども等に関する情報や考え方を共有し、適切な連携の下で対応していくことが重要であることを理解し、多数の関係機関が円滑な連携・協力を確保するための協議会です。この協議会の利点として、以下のような点が挙げられます。要保護児童等を早期に発見し、迅速な支援を開始することができ、各関係機関等が連携を取り合うことで情報の共有化が図れます。そして、情報の共有化を通じ、それぞれの関係機関等の間で、それぞれの役割分担について共通の理解を得ることができます。さらに、関係機関等の役割分担を通じて、それぞれの機関が責任をもって関わることができる体制をつくり、情報の共有化を通じて関係機関等が同一の認識の下、役割分担しながら支援を行います。そのため、支援を受ける家庭にとってもより良い支援を受けやすくなります。虐待の対応は、どこか一つの施設・機関で行われるのではなく、関係機関がお互いにその専門性を生かして連携していくことが求められています。

参考文献

・笠師千恵・小橋明子（著）『相談援助　保育相談支援』中山書店、2014　pp.222-223

・厚生労働省ホームページ：www.mhlw.go.jp

（田岡紀美子）

記 事

面談型赤ちゃんポスト

来年3月 助産師が24時間対応

神戸

母親と面談したうえで、育てられないと判断した子供を匿名でも行政につなぐ初の取り組み「面談型こうのとりのゆりかご（赤ちゃんポスト）」が来年3月、神戸市北区のマナ助産院にオープンする。10人の助産師が24時間態勢で対応する。実施主体のNPO法人「こうのとりのゆりかごｉｎ関西」（大阪府箕面市）が14日発表した。

熊本市の慈恵病院で実施されている「ゆりかご」では、誰にも会わずに預けることができるが、マナ助産院は医師が常駐していないためできない。それでも、ニーズに応じた支援をできるとして、面談型の開設に踏み切ることにした。助産師が母親の希望を聞きながら、育てられないとの結論を出した場合は、児童相談所などにつなぐ。【井川加菜美、栗田亨】

出典：2017年7月15日毎日新聞朝刊

1．言葉を調べてみましょう。

（1） 児童相談所の役割について調べてみましょう。

（2） 特別養子縁組について調べてみましょう。

（3） 社会的養護について調べてみましょう。

2. 記事を読んで感じたことを記述してみましょう。

3. 解　説

（1） 児童相談所

児童相談所とは、市町村と適切な役割分担・連携を図りつつ、子どもに関する家庭その他からの相談に応じ、子どもが有する問題または子どもの真のニーズ、子どもの置かれた環境の状況等を的確にとらえ、個々の子どもや家庭に最も効果的な援助を行い、もって子どもの福祉を図るとともに、その権利を擁護することを主たる目的として都道府県、指定都市および児童相談所設置市（中核市・東京23区で任意設置）に設置される行政機関です。また、児童相談所が対応する相談は、子どもの福祉に関することですが、主に養護相談、障害相談、非行相談、育成相談、その他の相談（里親希望に関する相談、夫婦関係等についての相談など）に分類されています。さらにいじめ相談についても対応をしています。

（2） 特別養子縁組

特別養子縁組とは、子どもの福祉の増進を図るために、養子となる子どもの実親との法的な親子関係を解消し、実の子と同じ親子関係を結ぶ制度です。特別養子縁組が成立する要件として、父母による監護が著しく困難または不適当であること等の事情がある場合において、子の利益のため特に必要があると家庭裁判所に認められる必要があります。また、実親の同意が必要であり、養親となる者についても配偶者がおり、夫婦共同で縁組をする、25歳以上でなければならないなどの要件があります。さらに、養子についても、養親となる者が家庭裁判所に審判の請求をするときに6歳未満である必要があるなどの年齢要件があります。

特別養子縁組の成立数は、横ばいで推移してきましたが、近年では大きく増加傾向にあり、2015（平成27）年においては544件成立しています。

また、特別養子縁組によらず、家庭内で子どもを引き取り養育する制度として、里親制度があります。里親制度は子どもの愛着関係を形成し、養護を行える制度として一層の推進が図られています。この制度による委託率は伸び悩んでおり、2015（平成27）年度末現在で全国平均が17.5％と言われています。しかし、自治体間で大きく差があり、新潟県では42.4％と4割を超えているところもあります。さらに静岡市やさいたま市においても委託率を大幅に伸ばしています。

（3） 社会的養護

社会的養護は、保護者のない児童や、保護者に監護されることが適当でない児童を、公的責任で社会的に養育し、保護するとともに養育に大きな困難を抱える家庭への支援を行うことを目的としています。また、社会的養護は、入所施設養護、家庭養護、通所施設養護・一時利用等の3つの体系からなります。入所施設養護では、児童養護施設、乳児院、障害児入所施設において24時間子どもの養育を行っています。さらに近年では、施設においても家庭的な養護を目指すため小規模グループケアが実施されています。家庭養護は、里親、小規模住居型児童養育事業（ファミリーホーム）などにおいて、個々の家庭もしくはそれに近い状況で子どもの養育を行っています。通所施設養護・一時利用等では、日中においての専門的支援や入所施設養護の予防的役割、レスパイト機能を果たすもので、子育て短期支援事業（ショートステイ・トワイライトステイ）などを提供しています。

参考文献

・山縣文治・林浩康（編）『よくわかる社会的養護　第２版』ミネルヴァ書房、2015　pp.12-13
・厚生労働省ホームページ：www.mhlw.go.jp

（田岡　紀美子）

第15章　子育て支援サービスの概要Ⅱ

記　事

ネット通じ預けた2歳児死亡
シッターの男逮捕へ
遺棄容疑

埼玉県富士見市東みずほ台2丁目のマンションの一室で17日、男児の遺体が見つかった事件で、神奈川県警は20代のベビーシッターの男について死体遺棄容疑で逮捕状を請求した。男児は、横浜市磯子区中原1丁目、A　君(2)と確認された。

県警によると、男は17日朝、A　君の遺体をマンションの一室に遺棄した疑いがある。遺体はあざのような痕が数カ所あり、死因を調べる。一緒に預けられていた弟（8カ月）とみられる男児も保護されたが、命に別条はなかった。

A　君の母親(22)はベビーシッターの紹介サイトを通じ、男に預かってくれるよう依頼。14日午後7時ごろ、磯子区のJR新杉田駅で、男の代わりに来た30代男性に2児を預けた。男性は同日午後8時ごろ、横浜駅で2児を男に引き渡したという。

男は15日午前、母親にメールで2児の様子を伝えた後、連絡が途絶えた。16日に2児を引き取る予定だった母親は県警磯子署に相談。県警は、男がベビーシッターをしている富士見市のマンションを特定。17日午前8時ごろ、出てきたところで声をかけると、男は「家に入られるのは困る」などと言ったという。消防によると、A　君は畳の部屋で仰向けに倒れていた。

県警によると、男は事情聴取に「15、16日も世話をし、食事を与えた。16日昼過ぎに薬を飲んで自分は寝てしまい、翌朝7時ごろに起きたら亡くなっていた」と説明。16日に帰さなかった理由については、あいまいな話をしている。

「不慣れな様子」

マンションは、東武東上線みずほ台駅から徒歩10分ほどの住宅街にある。近くのフリーターの男性(31)は午前8～9時ごろ、マンション前の路上で若い男と幼い子どもたちが遊ぶ姿を何度か目撃したという。優しく接している様子だったが、たまに「やっちゃだめ」などと大きな声で厳しく注意することもあったという。

20代の男は2012年3月から、横浜市緑区の保育施設でもパートをしていた。園長によると、働きぶりはまじめで穏やか。トラブルもなかった。いたずらにも「ダメだよ」と優しく注意するタイプで、子どもに人気があった。「接し方で子どもが好きなのはよく分かった」という。

1年半ほど前、「ベビーシッターを始める」と言ってきて、週1回勤務に。1カ月ほど前には「一緒にやっていた人が辞め、募集してもなかなか見つからない」とこぼしたこともあった。

2歳9カ月の男児を持つ横浜市港北区の女性(40)は1年ほど前、ネットを通じて男に依頼したことがあるという。男は子どもの扱いには不慣れな様子だったため、目が離せず、目の前で1時間、おもちゃなどで遊んでもらった。

女性は保育士と幼稚園教諭の資格を持っており、自分もシッターの経験がある。「近所のお兄さんがたどたどしく遊んでくれている感じで、とても任せて外出できると思えなかった。次は絶対に頼まない、と思った」と振り返る。

一方、神奈川県警によると、死亡した2歳の男児の母親(22)は、この男児や8カ月の男児らと4人暮らし。夫はいない。シッターの男とは3月上旬から7回ほどメールでやりとりして預けることを決めた。女性は以前もサイトで見つけたシッターに預けたことがあり、今回は男の本名や住所、電話番号を確かめず、顔を合わせたこともなかったという。

公的資格なし■サイトで直接交渉

厚生労働省によると、ベビーシッターに必要な公的資格はなく、利用者数も把握していない。行政のチェックが届かないなか、ネット上にはシッターを探す人となり手が情報交換するサイトが複数あり、必要に迫られた親らが利用している。

約5年前に開設された大手サイトの運営会社（東京）によると、登録者は約1万6千人。サイト内の掲示板に日時や場所、報酬、連絡先などを書き込み、条件の合う相手にサイトを通じて連絡する。掲示板にメールアドレスなどを書き込む人もいて、未登録者が直接連絡を取ることも可能という。担当者は「料金交渉などは当事者同士。トラブルも自己責任で解決してもらうしかない」と話す。

6歳の男児がいる東京都の女性会社員(42)は、子どもがインフルエンザにかかったときに2度、ネットでシッターを見つけて預けた。ふだんは公立保育園を利用しているが、インフルエンザの発症で5日間登園できなくなり、預け先を探す必要に迫られた。

1度目は3年前。夫も自分も仕事を休めず、病気の子でも預かる施設を探したが見つからず、サイト掲示板の存在を知ってシッター募集の告知を書き込んだ。

メールでのやり取りで信用できそうに感じた女性に時給1千円で6時間預けた。2度目の今年2月も、夫の単身赴任と自身の仕事が重なり、1日だけ9時間預けた。心配でたまらず、2度とも仕事中に何度も電話で様子を確認した。

女性は「近くに頼れる親戚もおらず、八方ふさがりだった。知らない人を頼るのは不安だったが、良心に賭けるしかないとまで覚悟して預けた」と振り返る。

ネット探しに限らず、信頼できる業者を選びたいという声は根強く、公益社団法人「全国保育サービス協会」では2000年度から、独自の認定ベビーシッター資格を運営している。

厚労省によると、15年度から、ベビーシッターの質を確保するため、研修を受けた人を市町村がシッターとして認定する仕組みが始まり、基準を満たした事業者には、国や自治体が運営費などを支給する予定だという。

事件の経緯（神奈川県警調べ）

3月上旬	女性がネットで、14～16日に男児2人を預かってもらうよう20代の男に依頼
14日	**午後7時ごろ** 女性がJR根岸線・新杉田駅で男児2人を30代男性に預ける。男性は「2時間だけ自分が世話する」と伝える（❶）
	午後8時ごろ 30代男性が横浜駅で20代の男に男児2人を引き渡す（❷）
15日	**午前** 20代の男から女性に、子どもの様子を知らせるメール。その後は女性のメールに反応なし
16日	**午後5時ごろ** 女性が「ベビーシッターと連絡がとれない」と磯子署へ届け出
17日	**午前8時15分ごろ** 埼玉県富士見市のマンションで男児の遺体発見。8カ月の男児は病院へ搬送（❸）

「信頼関係必要」
名古屋の業者

保育サービス事業を提供する「マーマ名古屋」（名古屋市）。B　代表取締役(52)は、インターネットを通じたベビーシッター紹介事業について、素性を十分に知らない相手に乳幼児を預けることで「事件や事故が起きるのでは、と危惧していた」と話す。

同社はベビーシッターの派遣、託児室や託児所の運営などを手がける。人材選びは書類審査や面接、実習や研修などを課した上で、シッターとして登録する。

「目の届かない密室で働く人材なので、ハードルを上げている」とBさん。下げればより多くのシッターを登録できるが、信用のできる人材の確保を重んじる。利用者には、事前にシッターのプロフィルを確認してもらう。ベビーシッターを利用する人には「コストがかかっても、お互いに信頼関係を築いた上で預けてほしい」という。

一方、同社の関係者以外で、経験を積み、保険にも加入して個人で活動しているベビーシッターも知っているという。「（今回の事件が）一生懸命やっている人にダメージになるのでは」との懸念も述べた。

出典：2014年3月18日朝日新聞

1. 事例で考えてみましょう。

（事例）

3歳の子どもを持つ20代の母親（ひとり親）が、2泊3日で遠方の出張に出なければならないそうです。「子どもを連れて行くことは仕事上難しく、その間、子どもをどうしよう、身内も友人も誰も預かってくれない」といってあなたに相談してきました。

（1） 上記の事例について、あなたはどのように対応しますか。あなたの現在の住まいの市町村、あるいは出身地の市町村でこのような事例に対応できるところをインターネットやスマートフォンを使って調べてみてください。そこは、どこにあって、どのくらいの期間、誰が預かってくれて、お金はいくらかかりますか。申し込むためにはどうしたらよいのでしょうか。利用可能な場所や預かってくれる人が複数探せた場合は、あなたが適すると思うところについて2つ、または3つ記してください。

調査した市町村名（　　　　　　　　　　）

（2）　あなたが調べた利用可能な資源（リソース）＝上記の事例の場合は「預かってくれる場所、人」について何か心配な点や不安はありますか。

（3）　調べてみた感想を書いてみましょう。

2. 言葉を調べてみましょう。

ベビーシッターとは何でしょうか。

3. 解　説

皆さんは何かに困ったとき、どうしますか。手に持ったスマートフォンでとりあえず検索してみる方が多いのではないでしょうか。これは学生だけではなく、子育て中の親でも同じです。今の時代、とりあえず検索してみようと誰しもが思うのです。正しいか正しくないかは別として、インターネットの世界には、あなたのあらゆる疑問や問題について、誰かの無数の意見や解決へと導くサービスが提供されているからです。

2014（平成26）年3月、仕事で数日間、子どもたちの養育が難しくなった母親がインターネットで知りあった自称「ベビーシッター」の男性に子どもを預け、2歳の子どもが死亡するという事件がありました。記事を読んであなたは、どのように感じましたか。「でも、見ず知らずの人に預けますかね…。」「私なら考えられませんね。」「信じられない。」いろんな意見があるかもしれません。

さて、あなた自身があなたの住む自治体（市町村）について調べてもらいました。あなたの住む自治体（市町村）には、数日間、子どもを預けざるを得ないような状況になった親に対して、安心して子どもを預けることのできるサービスはありましたか。夜間も保育を行っている保育施設はありましたか。ファミリー・サポート・センター事業に登録をして夜間も預かってもらうことはできますか。安心して任せられるベビーシッターはいましたか。さまざまな業者が保護者の保育ニーズに応じたベビーシッターとのマッチングを行っていることがわかったかと思います。この時代、育児を含め家事労働のすべてはお金さえ払えば、あなたに代わって行ってくれる業者が存在します。しかし、なかには、経済的に厳しい状況があり、そのために子どもをおいて長時間就労せねばならないというような方もいます。ひとり親家庭の場合は、なおさらです。就労以外にも、病気によって保護者が数日間入院するということもあるかもしれません。冠婚葬祭のために子どもを連れていけないが預けるところもないという方もいるかもしれません。

そのような状況のために、多くの自治体では、子育て短期支援事業を行っています。これは社会的養護を担う児童養護施設などが各市町村と契約し、行っている子育て支援事業です。保護者の出張や冠婚葬祭、病気などにより、子どもの保育ができない場合に、短期間（おおむね1週間まで）の宿泊で子どもを預かる「ショートステイ」、平日の夜間などに子どもの保育ができない場合に、一時的に子どもを預かる「トワイライトステイ」があります。このような公的なサービスは、告知が十分でない場合や、市町村によっては、そもそもサービスが実施されていないところもありますが、児童虐待を防止する重要な施策でもあります。あなたの市町村ではどうでしたか。社会全体で子どもを育むために、より良いシステムを作り、保育の質をあげていくために自治体や国に制度改正を訴えていくことも保育職としては大切なソーシャルアクションです。また、乳幼児の託児、保育を無資格者が担う背景やリスクについても考えてみてください。

（浦田　雅夫）

記　事

虐待 専門的ケアが急務

心の傷と向きあって　識者に聞く

浜松医科大特任教授　杉山登志郎さん

虐待を受けた子どもの心の傷をケアし、連鎖を断ち切るにはどうしたらいいのか。あいち小児保健医療総合センター（愛知県大府市）の初代心療科部長で、浜松医科大の杉山登志郎特任教授（64）に聞いた。

２００１年、センターで診察を始めて衝撃的だったのは、虐待の後遺症が予想以上に重症だったことだ。とにかくハイテンションで大声で走り回り、少しのことでけんかになる。フラッシュバックが起きて人が急に変わったように暴れ出したり、急に動かなくなって「フリーズ」したり……。

発達障害との絡み合い複雑

発達障害との複雑な絡み合いにも驚いた。被虐待児には発達障害の子が多い。一方で、虐待の結果として、多動や衝動的な行動など発達障害によく似た症状が出る。性的虐待を受けた人は、脳の視覚野の容量が小さくなるといった、虐待の脳への影響も最近の研究で分かってきた。

しかも虐待は連鎖する。殴られて育つと、殴ることが愛情表現だと思ってしまう。「虐待的絆」と呼ばれるものです。家を飛び出した娘が、父親と同じような男性と結婚してＤＶを受けて離婚し……。治療しない限り、同じような構造の家庭を作ってしまう。

小児センターで治療した子どもたちの多くは今、普通の親になることができた。すぐに成果は出ないが、きちんとケアをする意義は実感している。ただ、（日本児童青年精神医学会が認定した）児童精神科医は全国で約２６０人しかいない。米国は約８３００人。人口比で考えても３千人は必要です。

養護施設より里親を中心に

また、日本では家庭で暮らせない被虐待児の多くが、元は戦災孤児のために生まれた児童養護施設に入所している。欧米のように里親を中心にすべきです。養護施設は圧倒的に人手不足だ。職員の配置基準は、子ども４人に職員１人。国をあげてのネグレクトとしか言いようがない。

被虐待児と里親との関係は、預ける時の年齢が上がるほど難しくなる。虐待でゆがんでしまった「愛着」を修復するところから始めなければならないからだ。だからこそ早期委託が大切で、里親をバックアップする体制も必要です。

損失は1.6兆円対応見直しを

日本子ども家庭総合研究所の和田一郎氏が13年にまとめた試算では、子ども虐待による社会的損失は年間１兆６千億円にのぼる。予防やケアをしないと、生活保護や医療費など、将来のコストの方が大きい。虐待は重篤な問題を引き起こす。その共通認識のもと、児童養護施設で育った子のその後の調査など、科学的なデータをとり、その結果に基づいて対応の根本的な見直しをする時期に来ています。（聞き手・山本奈朱香）

出典：2015年11月16日朝日新聞

1．記事を読んで考えてみましょう。

（1）児童虐待の種類にはどのようなものがありますか、調べてみましょう。

（2）「フラッシュバック」とは何でしょうか調べてみましょう。

（3）「発達障害」とは何か、調べてみましょう。

（4）　虐待を受けた子どもたちの後遺症としての行動特性と発達障害の子どもたちの特性についての共通する部分や異なる点などを調べてみましょう。

（5）　なぜ、日本では、里親による養育が進まなかったのか調べてみましょう。

（6）　なぜ、虐待や貧困は連鎖しやすいといわれるのでしょうか。連鎖の構造を断ち切るためには、どのような支援が必要だと思いますか。

2. 解 説

（1） 児童虐待について

「児童虐待の防止等に関する法律」第2条によれば「児童虐待」とは、保護者（親権を行う者、未成年後見人その他の者で、児童を現に監護するものをいう。以下同じ。）がその監護する児童（18歳に満たない者をいう。以下同じ。）について行う次に掲げる行為をいう。

1 児童の身体に外傷が生じ、又は生じるおそれのある暴行を加えること。

2 児童にわいせつな行為をすること又は児童をしてわいせつな行為をさせること。

3 児童の心身の正常な発達を妨げるような著しい減食又は長時間の放置、保護者以外の同居人による前二号又は次号に掲げる行為と同様の行為の放置その他の保護者としての監護を著しく怠ること。

4 児童に対する著しい暴言又は著しく拒絶的な対応、児童が同居する家庭における配偶者に対する暴力（配偶者（婚姻の届出をしていないが、事実上婚姻関係と同様の事情にある者を含む。）の身体に対する不法な攻撃であって生命又は身体に危害を及ぼすもの及びこれに準ずる心身に有害な影響を及ぼす言動をいう。）その他の児童に著しい心理的外傷を与える言動を行うこと、とされている。順に、身体的虐待、性的虐待、ネグレクト、心理的虐待といわれています。

（2） 発達障害について

「発達障害者支援法」第2条によれば、この法律において「発達障害」とは、自閉症、アスペルガー症候群その他の広汎性発達障害、学習障害（LD）、注意欠陥多動性障害（ADHD）その他これに類する脳機能の障害であってその症状が通常低年齢において発現するものとして政令で定めるものをいうとされています。しかし、近年、医学的には、米国精神医学会による『精神疾患の診断・統計マニュアル（DSM）』の改訂に伴い、「広汎性発達障害」とその下位項目である「自閉症」および「アスペルガー症候群」が削除され、「自閉スペクトラム症」あるいは「自閉症スペクトラム障害」となりました。またADHDの日本語訳については、「注意欠陥」から「注意欠如」に、「発達障害」についても「神経発達症」とされました。しかし、法律上は「発達障害」としていますので、ここでもこの表現を使用しています。

（3） 児童虐待のPTSDと発達障害の特性について

児童養護施設に入所している子どもたちの59.5%は被虐待児です。また、28.5%が何らかの障害等がある子どもたちですが、そのうち発達障害の子どもたちが近年、増えているといわれています。記事にも「被虐待児には発達障害の子が多い」と記されていますが、発達障害の子どもは養育が難しく児童虐待のリスク要因のひとつだといえます。

児童虐待のPTSD（心的外傷後ストレス障害）では、身体上の問題のほかに、過覚醒や落ち着きのなさ、フラッシュバック等行動上の問題が生じますが、発達障害のある子どもたちの行動特性と重複することもありますので、医師でもその判別が難しいといわれています。また愛着障害の子どもたちのコミュニケーションスタイルも発達障害のある子どもたちの特性と酷似する部分があるといわれています。

（4）家庭と同様の環境における養育の推進

2016（平成 28）年の「児童福祉法」改正により、家庭における養育が適当でない場合、児童が「家庭における養育環境と同様の養育環境」において継続的に養育されるよう、必要な措置をとることが優先されると明記され、社会的養護は「里親」を中心とした養育形態へ大きく転換を図ろうとしています。しかし、現状としては、社会的養護を必要とする児童の約 9 割が施設に入所しています。

（5）社会的損失という視点

子どもの貧困問題や児童虐待など、子どもにとっての不利益の解消がなされないまま大人になった場合、心身の失調にみまわれる場合が多く、生活保護費や医療費など社会的なコストが増加するという試算がなされています。子ども時代を豊かに育み、チャンスを公平に与えることで、子どもたちが将来に夢を抱き、自己実現に向けてチャレンジできる環境を作っていくことが求められます。

参考文献

岡田尊司『発達障害と呼ばないで』、幻冬舎、2012
厚生労働省「社会的養護の推進に向けて」、2017
日本財団子どもの貧困対策チーム『子供の貧困が日本を滅ぼす』、文芸春秋、2016

（浦田　雅夫）

第16章 多様な家族形態と子どもの育ち

記　事

〝友達化〟進む親子

「反抗期なく仲良し」鹿県でも

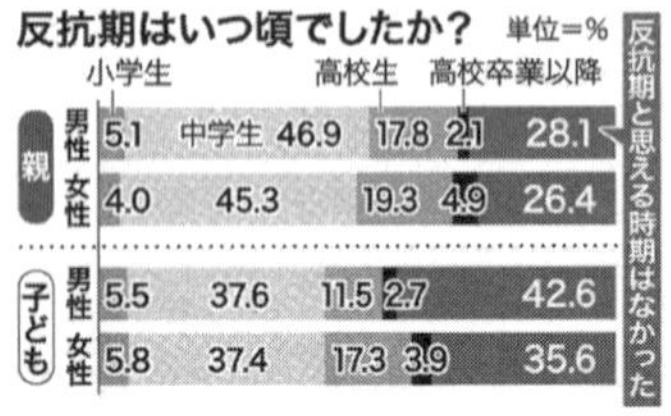

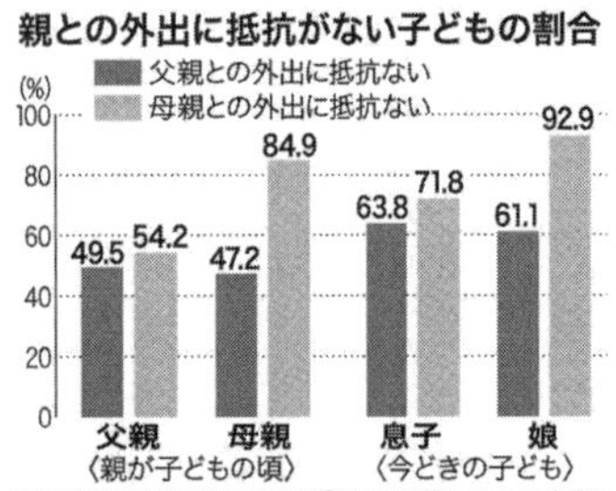

出典：明治安田生活福祉研究所「親子の関係についての意識と実態に関する調査」

「反抗期がなく、親とも抵抗なく外出」「悩み相談は友人より親」—。明治安田生活福祉研究所（東京）などが実施した「親子の関係についての意識と実態に関する調査」で、〝友達化〟が進む今どきの親子関係が浮き彫りになった。鹿児島県内でも〝仲良し〟と公言する親子は増えているようだ。専門家は「反抗するほどの価値観のずれがなくなってきている可能性がある」と指摘する。

専門家「価値観の差縮小」

調査は、中学生から29歳の子どもがいる35～59歳の親世代9715人と、15～29歳の未婚の子世代5803人を対象に、同研究所と出版印刷会社「きんざい」が2016年3月に実施した。

「あなたの反抗期はいつ頃でしたか」という質問に、「反抗期と思える時期はなかった」と答えた子世代は、男性が42・6%、女性も35・6%に上った。親世代には自身の過去を振り返り回答してもらったが、「反抗期なし」は男女とも20%台後半にとどまった。

親との外出については、「母親との外出に抵抗がない（なかった）」と答える男性の割合が大幅に増えた。親世代では54・2%だったが、子世代は71・8%を占めた。「父親との外出に抵抗がない（なかった）」と答えた女性も、親世代は47・2%だったが、子世代は61・1%と高かった。

悩み事の主な相談相手については、「友人」と答えた割合が男女とも減り、「母親」の割合が高くなった。中でも女性は、親世代では「友人」が48・2%と「母親」（11・8%）を大きく引き離したのに対し、子世代は「友人」（34・2%）と「母親」（28・5%）がきっ抗した。

福岡県出身で鹿児島市の服飾店で働くAさん(23)は「両親は一番の友達であり理解者。反抗期もなく、親元を離れた今でも毎日のように電話するし、仕事が休みの日は親がよく遊びに来る」と話す。

親密な関係を歓迎しながら、子どもの自立に不安を感じる親も。高校生の娘と中学生の息子を育てるいちき串木野市の市職員Bさん(40)は「娘は自宅から大学に通うことを希望しており、親離れしたいという気持ちは私たちの世代ほど強くないようだ。そばにいてくれることはうれしいが、親としては複雑。互いに依存しているのかも」と明かす。

志學館大学人間関係学部の白井祐浩《まさひろ》講師(37)＝学校臨床・スクールカウンセリング＝は「反抗期は、親の価値観を崩して、自分の価値観を形成する第一歩だが、価値観の差があまりなくなっているのではないか」と指摘。「じんわり距離を取るなど反抗の表現がマイルドになっているのかもしれない。褒めて育てる親が増えたため、反抗ではなく、親から認められるという形で自立を果たす子どもが増えている可能性もある」と分析した。

出典：2017年6月19日南日本新聞朝刊

1．あなたが思い浮かべる「多様な家族」をできるだけたくさん記述してみましょう。

2．事例「ファーストフード」での出来事

小学生と幼稚園児の兄弟２名と父親が、ファーストフード店でハンバーガーとジュースを注文し、食事を楽しんでいた。少しすると、弟の幼稚園児が、ジュースをこぼしてしまった。父親は「こういった失敗も起こる。一緒に拭こう。お兄ちゃんも一緒に手伝って。」と言って三人で掃除を始めた。

父親は、清掃をしながら、自分の失敗は自分で責任を取ることを伝えていた。

皆さんは、このような事例を見たことはありますか。また、自身の育ちの中でこのような経験をされたことはありますか。

3．事例を読む視点

皆さんがこの事例の父親であれば、どのような対応をするでしょうか。いくつかの対応が考えられるでしょう。「周囲の方々と店員にお詫びをし、店員にも床の汚れの片づけを手伝ってもらう。」「不注意であった子どもを叱り、親だけで片づけをする。」場合によっては、「見て見ぬふりをする。」といった対応も可能性としては考えられます。

かつては、地域の近隣の広場や公園等で、異年齢で遊び、遊びの中で上下関係や集団でのルールを学んでいました。家庭においても父親が家長であることが家族のなかで意識されていたでしょう。「家族」の形の変化は、子どもの育ちだけでなく、親子の価値観にも影響を与えることが窺えます。

事例を読んで父親の対応について、自分自身であればどのような対応をしたかについて話し合ってみましょう。

（1） 人間の発達において「反抗期」はどの時期に起きるのでしょう。「反抗期」はないほうがよいのでしょうか。

（2） あなたは子どもの「自立」のために、親となった時に子育てで大切にしたいことはどのようなことですか。

（3）「私の理想の家族」「理想の親」について考え、話し合ってみましょう。

4. 解　説

（1）「反抗期」とは

新聞記事にあるように親子の親密な関係は、肯定的に受け止めるべきであろうと考えられます。しかし、記事には、「親密な関係を歓迎しながら、子どもの自立に不安を感じる親も」との一文があります。それでは、子どもの「反抗期」には、どのような意味があるのでしょうか。対人援助職としては、このような、子どもの発達についての知識を持ち合わせる必要があります。

氏家（2007）によれば、幼児期の初めに「反抗期」が始まり、子どもは養育者の制止や要求を拒絶し、自己主張を強めるようになるとしています。この時期の「いや」という反抗は、子どもの心の中に、行動の主体としての自身の感覚が強まった証であるとしています[1)]。

このような自己主張は、やがて自己を制御する力につながり、行動を制御することに役立ちます。学童期を経て、青年期の前半は「第二次反抗期」が現れます。矢野（2011）は、反抗期の現れ方や強弱には個人差と社会のあり方によっても異なるとしています[2)]。また、身体の急激な変化による不安、自我同一性の拡散・混乱も影響するとしています。親子の価値観の差をどのように捉えていくかは今後の研究に注目したいと思います。

（2）子どもの自立に大切なこと

現代の家族形態は多様化しています。両親が離婚したひとり親家庭、はじめから父親がいないシングルマザーとその子どもの家族、非嫡出子と母親の家族、両親のいない子どもが養育者に養育されている家族、再婚家族等、様々な背景が見られます[3)]。

一方、家族形態の変化だけでなく、親子の関係においても変化が生じてきています。新聞事例では、「反抗期」が取り上げられ、現代の親子関係の変化に伴う価値観のずれに対する指摘がされています。

それでは、皆さんは、どのような親子関係を理想とするでしょうか。子どもの自立を願うでしょうが、子育て経験の乏しい親を支援するためには、どのような価値観をもって支援にあたるでしょうか。その「問い」に対する議論には、様々な意見が産出されるでしょう。一つの意見として、以下の家族像に言及した著者を紹介します。

バーバラ・コロローソ（2007）は、自身の著書の中で、3種類の家族像を示しています。この3つは「煉瓦塀家族」「クラゲ家族」「土台家族」を基本的な家族像として、その家族の構造が、家族内のあらゆる関係に影響を及ぼすとしています。「煉瓦塀家族」は、親が一方的に「○○しなさい」「○○してはだめ」と命令し、服従させる家族です。「くらげ家族」は、「煉瓦塀家族」の対局であり、しっかりとした構造がない「ムードに流される」家族です。「土台家族」は、柔軟で、受容力があり、なおかつしっかりとした枠組みがあります。家庭に土台があることで、子どもを責任と共感のある行動をとれるように導いていくのです[4)]。

さて、本事例で挙げた「ファーストフード」での出来事での、父親の対応はどれに当てはまるでしょうか。今一度、皆さんも多様な子育て形態と、両親の子育ての価値観について再考して頂きたいと思います。

注

1）氏家達夫「心をはぐくむ ― 自律性の発達と養育者の役割 ― 」内田伸子・氏家達夫　編『発達心理学特論』（財団法人　放送大学教育振興会、2007　pp.110-117）

2)　矢野喜夫「反抗期」岡本夏木・清水御代明・村井潤一編『発達心理学辞典』（ミネルヴァ書房、2011　p.571）
3)　森谷恭子「家庭支援の必要性」井村圭壯・松井圭三編『家庭支援論の基本と課題』（学文社、2017　pp.13-21）
4)　バーバラ・コロローソ「いじめの根っこを立ち子どもを守るガイド ― 親と教師は暴力のサイクルをいかに断ち切るか ― 」富永星訳（東京書籍、2007　pp113-142）

（齊藤　勇紀）

記　事

論説委員
平井　敦子

発達障害児の支援

親の互助力 引き出そう

ことしで発達障害者支援法が施行されて10年になる。自閉症という障害に、私が取材で出会ったのはその2年前だった。発達障害の一つである自閉症がどんなものなのか、一般的にはほとんど知られていなかったように思う。

出会った親たちはわが子のために多くの本を手にし、専門家の講演を聞きに遠方まで足を延ばし、新しい知識を得ていた。音に敏感な6歳の男の子には、掃除機を見せ、その子が隣の部屋の隅っこで耳をふさいでからスイッチを入れる。そんな日々の工夫を一つ一つ積み重ねていた。

発達障害と向き合うための、豊かな力に驚いた。それ以来、変わらず思うことがある。その力を社会に還元してもらえたなら―。

いま全国で広がりつつある「ペアレントメンター」という役割はまさに親の豊かな力に基づくものだ。ペアレントは「親」、メンターは「信頼できる相談相手」の意味だ。一定の研修を受けた発達障害の子どもの親が同じ障害児の親の相談に乗り、傍らで子育てを支えている。

中国地方では、鳥取県が先進的な取り組みを進めている。国と県が支える相談活動は4年前にスタートし、今では65人のペアレントメンターが活躍している。

その一人で、鳥取県自閉症協会理事長でもある乾和子さん(56)の話にうなずいた。「私たちは、そうそう、あるあるってうなずきながら話を聞ける。それが役目なんでしょうね」

確かに発達障害は外見から分かりにくく、「しつけが悪い」などと誤解もされやすい。家族の中でさえ、祖父母や父親が母親を責めてしまうケースもある。

乾さんたちは、わが子を育てた経験から、障害の特性について実感を持って理解している。誤解に苦しんだ経験も少なからずあるという。「お気持ち、分かります」は、メンターだからこそ口にできる言葉だ。

メンターには、子どもとの暮らしに必要な地域の情報も提供する役目もあるという。「あの歯医者さんは障害にもうまく対処してくれるよ」など、きめ細かな案内ができる。

さらに大切なのは、メンターがどんな場面で力を発揮するかだ。鳥取が先駆的なのは医療機関での診断後まもなく、希望する親がメンターに相談できる仕組みが動き始めていることだ。

実は、メンターの活動がとりわけ期待されるのは、診断を受ける前後といわれている。

親が子どもの障害を受け止め、自ら動けるようになる前の時期である。あるお母さんが話していた。「朝起きたら、うちの子が普通になったらいいと思う。その繰り返しです」と。

親の気持ちがぐらぐらする時期に、メンターが寄り添う。苦労とともに子育ての醍醐味《だいごみ》も感じている先輩の背中を見せる。そうして親たちが「自分だけじゃない」と感じ、未来の見通しを持てるとすれば、それは大きな一歩となる。

これからの課題は少なくない。鳥取の試みを支える鳥取大の井上雅彦教授（臨床心理学）は「ペアレントメンターの活動には、行政と専門機関のバックアップが不可欠」と強調する。

まずは経済面の支えが要るだろう。例えば親とメンターをマッチングするコーディネーターの人件費が必要だ。さらにいえば、ボランティアであるメンターを無償でなく有償とすることも考えていいのではないか。

メンターでは解決できない問題もある。難しい相談を引き受けてくれる専門機関が求められる。そうした環境をどう整えるか。親と行政機関、専門機関の連携をより強くするべきである。

法施行から10年で発達障害の診断を受ける人はずいぶん増えた。文部科学省の調査では、発達障害のある児童生徒は通常学級に6・5%、40人学級で1クラスに2、3人いると推定する。

中国地方では唯一、広島県だけでメンターの活動が始まっていない。親たちの潜在的な力を借りる試みを、もっと県や市町が後押しするべきではないだろうか。

出典：2015年5月28日中国新聞

1. 多様な家族に対する家庭支援

発達の遅れや障害、アレルギー、医療的ケア、虐待、貧困といった子どもの育ちや親子関係、家族の問題等が、マスコミでも取り上げられています。子どもの発達には個人差があり、それを理解したうえで、養育をする必要があるでしょう。汐見（2016）は、これからの子育て支援には、子どもをありのままに受容すること、適切に社会規範を守ることを親に理解してもらう必要性を示唆しています[1)]。

このような様々な配慮を必要とする子どもと家族に対する支援は、国や各自治体においても対応が行われています。まずは、文部科学省や厚生労働省のホームページを閲覧し、多様な家庭に対する支援施策を調査する必要があります。

上記のホームページから、多様な家庭を支援する国の施策を調べてみましょう。

2. 事例　子育ての仕方がわからない

A さん（23 歳）は、夫と男児（2 歳 3 か月）と 3 人暮らしの核家族であった。夫婦の両親は、遠方に住んでおり、頼れる親族は近くには居住していなかった。A さんは、初めての子育てであり、歩き始める前はなんとか家事等もこなせていた。しかし、子どもが歩き始め、言葉を話し始めると、危険な行動が多く、目が離せない状況であった。そのため、A さんは、一日中、子どもの様子を家庭で見守ることに精一杯であった。

子どもが 2 歳半になり、自己主張が始まった。なかなか思い通りにならない子どもの子育てに、A さんは叱ったり、時には叩いてしまったりするようになった。子どもの行動は、A さんを叩いたり、物を投げたりを繰り返し、徐々にその行動はエスカレートしていった。A さんはどのように子育てをしていったらよいのか、途方にくれていた。

事例を読んで「A さん自身をあなたと置き換えて」A さんの気持ちについての感想を述べましょう。

3. 事例を読む視点

子どもたちの育ちは多様化しており、発達障害だけでなく「気になる」行動をする子どもが多く見受けられます。それは、子どもだけの問題だけではなく、家族形態、親子関係、子育て環境等の様々な要因が、養育者の子育てを困難にしていることも考えられます。

さて、以下の新聞記事は、「ペアレント・トレーニング」といった保護者に対する支援方法です。主に、発達障害の子どもの養育者に対して実施される支援方法です。このトレーニングでは「ペアレント・メンター」といって、当事者の親同士が悩みを語り合ったり、共感し合ったり情報を共有することによって、親の情緒的な安定が図られるといった報告があります[2)]。

この「ペアレント・トレーニング」は、発達障害の子どもに対する支援だけでなく、上記の事例にも肯定的な効果が得られます。実際に、新たな子育て支援、家庭支援の方法として様々な自治体で取り組みが行われ、成果が示されています[3)]。

「ペアレント・トレーニング」とは、具体的にどのようなことをするのでしょうか。文献やホームページで調べてみましょう。

（1） 「ペアレント・メンター」とはどのような役割を担っていると考えますか。

（2） 記事には、「発達障害児の支援」と書かれています。事例のように、子どもの子育てに困っている保護者に対して皆さんが住む自治体では、どのような支援が行われていますか。また、行われていると考えますか。

（3） 記事の中で、感じたことや親子を支えるその他の支援方法等も調べてみましょう。

4. 解　説

（1） ペアレント・トレーニングとは

「ペアレント・トレーニング」は、保護者に対する心理教育であり、応用行動分析学（Applied Behavior Analysis：ABA）のアプローチを用いた治療プログラムです[2]。ペアレント・トレーニングの効果として、親にとっては、養育スキルの獲得、ストレスの減少、親子関係の改善などがあります。

ここでは、新聞記事にある鳥取大学の井上雅彦教授が作成した「鳥取大学方式」[4] を取り上げています。井上のプログラムの目的は、子どもの行動理解やかかわり方、適切な行動の教え方、他者への伝え方、親同士のコミュニケーションや仲間づくりがねらいとされています[3]。講義や演習は、『子育てが楽しくなる5つの魔法』[4] に基づいて行われます。専門用語ではなく、「ほめ上手」「観察上手」などの易しい言葉に置き換えられ、適切な行動の形成技法と環境調整についての教示が行われます。講義の人数は10名程度で、1回2時間を各週で行い、8～9回の連続講座で構成されています。

（2） ペアレント・メンターの役割

子育てが難しい子どものメンタルヘルスには、専門家のサポート以外に、親同士のサポートが果たす役割も大きいでしょう。「ペアレント・トレーニング」のファシリテーターは発達臨床の経験をもつ心理士や保健師ですが、先輩の親である「ペアレント・メンター」がプログラムのスタッフとして参加することを推奨しています[3]。厚生労働省は、2010（平成22）年から「ペアレント・メンター」活動を推進しています。

保護者同士によるピアサポートは、当事者の親であるといった共感的なサポートだけではなく、地域の資源や生活情報なども提供してくれるでしょう。保護者の不安や孤独感の軽減、養育スキルの向上、将来の見通しについても大きな助力となります。

一方、新聞記事にも記述されている通り、一定のレベルの知識と技術をもった専門家の育成、維持継続のためのフォローアップ体制といった課題があります。これからの支援者には、このような支援体制の整備が課題であることを理解してもらい、多様な能力を持った子どもたちの子育てを援助してもらいたいと思います。

（3） 様々な子育て支援

「ペアレント・トレーニング」を実施するためには、実施のための専門性が必要です。しかし、事例「子育ての仕方がわからない」に示したような、発達障害の子どもを養育する親だけでなく、すべての子どもの養育にも有効です。

特定非営利活動法人アスペ・エルデの会[3] では、ペアレント・トレーニングの前段階の位置づけとして、ペアレント・プログラムといった簡易的なプログラムを開発しました。そして、全国すべての市町村で実施が可能になるように普及活動を行っています。このような活動の普及が、汐見（2016）が示唆[1] するこれからの子育て支援に必要でしょう。

注

1)　汐見稔幸「父親なき『社会』と夫婦なき『家庭』― 変わってきた社会と家族のあり方」『児童心理2016年12月号』（金子書房、2016）

2)　原口英之・上野 茜・丹治敬之・野呂文行 「我が国における発達障害のある子どもの親に対するペアレントトレーニングの現状と課題 ― 効果評価の観点から ― 」『行動分析学研究』第 27 巻第 2 号、pp.104-127 ページ（日本行動分析学会、2013）
3)　特定非営利活動法人アスペ・エルデの会「市町村で実施するペアレントトレーニング」に関する調査について」『厚生労働省平成 26 年度障害者総合福祉推進事業報告書』（2015）
4)　井上雅彦・野村和代・秦基子『子育てが楽しくなる 5 つの魔法（改訂版）』（アスペ・エルデの会、2012）

（齊藤　勇紀）

第17章　結婚、家族の事例研究

記　事

SPORTS

多様な性 開かれた五輪へ

リオ 50人以上カミングアウト

五輪・パラリンピックは性的指向を含め、いかなる差別も禁じた五輪憲章の根本原則に沿い、多様性を認め合うことを基本理念の一つに掲げる。3年後に迫った東京大会でも、大会組織委員会はまずは自らの組織内のＬＧＢＴ＝🔑＝など性的少数者への意識を高めようと動き始めた。17日は国際的な記念日「多様な性にＹＥＳの日」。自分と違った人を除外しない——。明確なメッセージを五輪を契機に発信する。

🔑 LGBT

レズビアン（女性同性愛者）、ゲイ（男性同性愛者）、バイセクシュアル（両性愛者）、トランスジェンダー（性同一性障害など）の頭文字をとった言葉。広告会社「電通」が２０１５年に行った調査（対象約7万人）では7・6％（13人に1人）が該当し、トランスジェンダーは0・7％（１４３人に1人）だった。

東京向け研修・取引企業にも基準

「カミングアウトしやすい雰囲気づくりには、どうすればいいのでしょうか」

4月中旬、組織委の役員会議室。性的少数者への理解を深める幹部向けの研修会で、局長の一人がＬＧＢＴ当事者である講師に質問した。２０１４年のリオデジャネイロ五輪では金メダリストを含む50人以上の選手がカミングアウトしたという。講師は「その姿は人と違うことで苦しむ子どもの希望となった。（日本でも）立場のある人が理解を深め、当事者の存在を前提に物事を進めていくだけで雰囲気づくりになる」と答えた。

東京大会では、開催に必要な物品・サービスの調達基準や運用方法などを定めた「調達コード」に、ＬＧＢＴなどを含めた「社会的少数者の権利尊重」の項目を記載。これにより調達先の企業は組織委が定める基準に沿う必要があり、同性婚にも適用される人事制度を整備する企業が増えるのでは、と期待を寄せる。

もちろん大会本番でのトイレやホテルでの配慮なども欠かせない。組織委のA人事部長は「五輪は日本が本当の多様性を知り、経験するきっかけになる。ＬＧＢＴについて理解ある人たちの人的レガシーも育みたい」と話す。

ＬＧＢＴ理解への機運が高まる契機となった事案がある。ソチ五輪前年の13年、開催国ロシアは未成年者への同性愛宣伝を禁じる「反同性愛法」を成立させた。同性愛への差別を助長しかねないとして欧米首脳が五輪の開会式を事実上ボイコットした。

ＩＯＣは14年の総会で五輪憲章の差別を禁じる項目に、人種や性別などと並んで「性的指向」を加えることを決めた。リオ五輪ではＬＧＢＴを象徴する虹色のピンバッジが作製され、開会式にはトランスジェンダーのスーパーモデル、Bさんが登場した。

競技面では要件整備

スポーツは男女に分ける競技が一般的だ。そのため、生まれた性と自認する性が異なるトランスジェンダー選手が参加することはハードルが高かった。

だが、ＩＯＣは15年、性別適合手術を受けていなくても五輪出場を認めるとのガイドラインをまとめた。

女性として生まれた選手が男子のカテゴリーに出るのは無条件で可能に。男性として生まれた選手が女子のカテゴリーに出るには、自認が女性であることを宣言したうえで、4年間変更ができないことや男性ホルモンの値が過去12カ月にわたり一定レベルを下回っていることを証明するなどの要件を示した。背景には、生殖機能の喪失を強いるのは人権侵害だとした14年の世界保健機関（ＷＨＯ）の声明がある。

米プロスポーツ界も動き出す。昨年、北米女子プロアイスホッケーリーグで、女性として生まれた選手が「自分は男性」と公表。リーグはホルモン療法禁止などの規定を設け、男性としての出場を受け入れた。

一方、国民体育大会を主催する日本体育協会では議論が続く。同協会によると、13年に戸籍上は男性だが女性を自認する選手側から、国体出場に関する問い合わせがあり、議論が始まったという。その時は「総合的に判断」して予選の出場を認めた。

国体推進部の担当者は「内規では戸籍上の性別と定めているが、それでは（戸籍上で性別変更ができない）未成年に課題が残る。競技の公平性とともにけがのリスクも考えなければいけないが、多様性を受け入れる方策を模索していきたい」と話している。

（榊原一生）

LGBTをめぐる国内外の動き

90年	世界保健機関が精神疾患のリストから同性愛を削除
04	性同一性障害特例法が施行。戸籍の性別変更可能に
13	ロシアで未成年者への同性愛宣伝を禁じる反同性愛法成立
	欧米でソチ五輪ボイコット論が高まる
14	五輪憲章に性的指向による差別禁止の明記を決定
15	米連邦最高裁が同性婚を認める
	東京都渋谷区、世田谷区が同性カップルにパートナー制度を導入
16	リオ五輪で50人以上の選手が性的少数者であることを自ら公表

出典：2017年5月15日朝日新聞

1．言葉を調べてみましょう

近年、LGBT という言葉に触れることが多くなってきました。新聞記事に出てくる LGBT という言葉は 4 つの事柄の頭文字です。その内容を説明してみましょう。

2．事例　性的マイノリティーであることを知られたくない

A さん（20 歳男性）は性的マイノリティーであるバイセクシュアルであるが、家族や周りの人に言い出せない。これまで生きてきた中で、性的マイノリティーの人たちに対して心無い言葉が投げかけられるのをよく聞いてきたからである。しかし、大人になりこれからの人生を考えるにあたって本当の自分の気持ちを誰かに話したいという気持ちに駆られることが多くなってきた。

事例を読んで「あなたの感想を述べなさい」

3．事例を読む視点

LGBT 当事者へのアンケート調査

2015（平成 27）年 10 月に NHK が「LGBT 法連合会」とその賛同団体の協力を得て、「LGBT を含む性的マイノリティ当事者」を対象とした大規模なアンケート調査を行い全国 2,600 人から回答を得た調査があります。この調査結果から、47 都道府県すべてから回答があったこと、大都市圏から多くの回答があった一方で最小回答数の県は鳥取県であったこと、全国どの都道府県にも、当事者がいること、心と体の性が一致しない・身近な人になかなか打ち明けられないという苦しみがありそのストレスから健康に影響がでるケースが少なくないこと、などが指摘されています（「LGBT 当事者アンケート調査」NHK ホームページ www.nhk.or.jp/d-navi/link/lgbt/）。

LGBT 当事者は全国に存在します。しかし、LGBT であることによって悩みを抱えざるを得ない人が少なくないことが分かります。

① 記事の中にオリンピックについて出てきますが、オリンピック憲章ではLGBTについてどのように規定されているのでしょうか。

② LGBTについて、法律や条例ではどのような取り扱いが規定されているのでしょうか。

③ 記事の中で、あなたの心の中に響いた箇所、記事を読んだ感想などをまとめてみましょう。

4. 解　説

（1） LGBTとは

デジタル大辞泉によれば、「lesbian、gay、bisexual、transgenderの頭文字から、性的マイノリティーであるレスビアン・ゲイ・バイセクシュアル・トランスジェンダーの総称」とされています。Lesbianはレズビアン、Gayはゲイ、Bisexualはバイセクシュアル、両性愛者、Transgenderはトランスジェンダーと読みます。仮に日本語訳をつけてみると、それぞれ、女性同性愛、男性同性愛、両性愛、肉体と精神の性別不一致、といえるでしょう。

LGBTの人たちの権利擁護が問題となります。法務省ホームページには次のように記載されています[1]。

性的指向に関して、「男性が男性を、女性が女性を好きになる」ことに対しては、根強い偏見や差別があり、苦しんでいる人々がいます。また、からだの性とこころの性との食い違いに悩みながら、周囲の心ない好奇の目にさらされたりして苦しんでいる人々がいます。こうした性的指向や性自認を理由とする偏見や差別をなくし、理解を深めることが必要です。

職業生活においてもLGBTの人たちの権利を擁護する必要があります。平成28年8月2日厚生労働省告示第314号による改正後の「事業主が職場における性的な言動に起因する問題に関して雇用管理上講ずべき措置についての指針」（平成18年厚生労働省告示第615号）では、「2　職場におけるセクシュアルハラスメントの内容」の中に「職場におけるセクシュアルハラスメントには、同性に対するものも含まれるものである。また、被害を受けた者（以下「被害者」という。）の性的指向又は性自認にかかわらず、当該者に対する職場におけるセクシュアルハラスメントも、本指針の対象となるものである」と明記されています。

（2） オリンピック憲章

この記事はオリンピックに関するものです。現在のオリンピック憲章において、「オリンピズムの根本原則」では、「このオリンピック憲章の定める権利および自由は人種、肌の色、性別、性的指向、言語、宗教、政治的またはその他の意見、国あるいは社会のルーツ、財産、出自やその他の身分などの理由による、いかなる種類の差別も受けることなく、確実に享受されなければならない。」と定められています。

（3） 性同一性障害者の性別の取扱いの特例に関する法律

2003（平成15）年、「性同一性障害者の性別の取扱いの特例に関する法律」が成立しました。この法律は、「性同一性障害者に関する法令上の性別の取扱いの特例について定めるもの」（第1条）です。また、この法律において性同一性障害者とは、「生物学的には性別が明らかであるにもかかわらず、心理的にはそれとは別の性別（略）であるとの持続的な確信を持ち、かつ、自己を身体的及び社会的に他の性別に適合させようとする意思を有する者であって、そのことについてその診断を的確に行うために必要な知識及び経験を有する二人以上の医師の一般に認められている医学的知見に基づき行う診断が一致しているものをいう」（第2条）と定義されています。

（4） 家庭裁判所の権限

裁判所法第31条の3第1項によれば、家庭裁判所は、次の権限を有するとされています。すなわち①家事事件手続法で定める家庭に関する事件の審判および調停（第1号)、②人事訴訟法で定める人事訴訟の第一審の裁判（第2項)、③少年法（略）で定める少年の保護事件の審判（第3号）です。また、同条第2項では「家庭裁判所は、この法律に定めるものの外、他の法律において特に定める権限を有する」と定められています。

（5） 渋谷区男女平等及び多様性を尊重する社会を推進する条例

地方公共団体レベルの取り組みとして、東京都渋谷区の「渋谷区男女平等及び多様性を尊重する社会を推進する条例」がありその第4条では「性的少数者の人権の尊重」を掲げています。すなわち、第4条は「区は、次に掲げる事項が実現し、かつ、維持されるように、性的少数者の人権を尊重する社会を推進する。」とし、「(1) 性的少数者に対する社会的な偏見及び差別をなくし、性的少数者が、個人として尊重されること。(2) 性的少数者が、社会的偏見及び差別意識にとらわれることなく、その個性と能力を十分に発揮し、自らの意思と責任により多様な生き方を選択できること。(3) 学校教育、生涯学習その他の教育の場において、性的少数者に対する理解を深め、当事者に対する具体的な対応を行うなどの取組がされること。(4) 国際社会及び国内における性的少数者に対する理解を深めるための取組を積極的に理解し、推進すること。」としています。

注

1) 法務省ホームページ www.moj.go.jp > … > 人権擁護局フロントページ > 啓発活動

（今井　慶宗）

記　事

教諭の旧姓使用認める

東京高裁　学校法人と和解成立

結婚前の姓の使用を認めないのは人格権の侵害だとして、40代の女性教諭が勤務先の学校法人を訴えていた裁判の和解が16日、東京高裁（大段亨裁判長）で成立した。17日に会見した原告側によると、時間割などの文書や日常的な呼び方で旧姓の使用を全面的に認め、他の教職員も希望があれば認める内容という。

訴えていたのは、日本大学第三中学・高校（東京都町田市）に2003年から勤務する教諭。13年に結婚で改姓した後も、旧姓の使用継続を求めたが、戸籍名に変更された。

東京地裁は昨年10月の判決で「旧姓が戸籍名と同じように使用されることが社会で根付いているとはいえない」などとして教諭の請求を退けた。同校を運営する日本大学第三学園は「裁判を長期化させることは教育機関として生徒・保護者や原告・被告にとって益がないと判断し、和解を受け入れました」とのコメントを発表した。

一方、民法の夫婦同姓の規定が憲法に違反するかどうかが争われた裁判で、最高裁大法廷は15年12月、この規定を合憲と判断する一方、「旧姓使用は社会的に広まっており、不利益は一定程度は緩和され得る」などと述べていた。東京地裁判決については、「最高裁判決と矛盾している」との指摘が出ていた。

早稲田大学大学院の浅倉むつ子教授（労働法）は、「本人の意思に反して旧姓を使わせないなら、その合理的な理由を雇用者側が説明する必要がある」と話す。

（杉原里美）

出典：2017年3月17日朝日新聞

1. 言葉を調べてみましょう。

夫婦別姓という言葉があります。これはどのような背景として登場してきたのでしょうか。少子化や女性の社会進出を調べるなかでこの言葉を探し、考えてみましょう。

2. 事例　自分が生まれたときの姓を名乗り続けたい。

Bさん（25歳女性）は結婚を考えている男性がいます。しかし、結婚後の姓（氏）はBさんがこれまで名乗ってきた姓（氏）にしたいと思っています。Bさんは一人っ子で、Bさんが結婚後に姓（氏）を変えると、両親の死後にBさんの家の姓（氏）を名乗る人がいなくなってしまう心配があるのです。Bさんが結婚した後、生まれた子どもの1人をBさん両親の養子にすることも考えていますが、無事に養子縁組ができても、後々、資産の多いBさんの両親をめぐって紛争が生じる懸念もあります。

事例を読んで「あなたの感想を述べなさい」

3. 事例を読む視点

民法第750条は、「夫婦は、婚姻の際に定めるところに従い、夫又は妻の氏を称する。」と規定しています。また、戸籍法第74条は、「婚姻をしようとする者は、左の事項を届書に記載して、その旨を届け出なければならない。一夫婦が称する氏（以下略）」としています。

民法ではこのように規定されています。では、「夫又は妻の氏」のそれぞれどちらを選んでいる人がどのくらいの割合でいるのでしょうか。またその背景は何なのでしょうか。

① 記事の中に夫婦別姓という言葉が出てきますが、夫婦別姓（別氏）とはどのようなことなのでしょうか。

② 夫婦の氏について、法律ではどのような取り扱いが規定されているのでしょうか。

③ 記事の中で、あなたの心の中に響いた箇所、記事を読んだ感想などをまとめてみましょう。

4. 解　説

（1） 夫婦の氏に関連する憲法・戸籍法の規定

前述のように、民法には夫婦の氏（姓）についての規定があります。

日本国憲法第24条は、第1項で「婚姻は、両性の合意のみに基いて成立し、夫婦が同等の権利を有することを基本として、相互の協力により、維持されなければならない。」第2項で「配偶者の選択、財産権、相続、住居の選定、離婚並びに婚姻及び家族に関するその他の事項に関しては、法律は、個人の尊厳と両性の本質的平等に立脚して、制定されなければならない。」と定めています。

（2） 夫婦同氏制度の合憲性

民法で規定されている夫婦同氏制度が合憲であることを明らかにした判例として2015（平成27）年12月16日最高裁判所大法廷判決があります。ここにおいて、夫婦同氏制度は憲法13条・14条1項・24条に違反しないことが明らかにされています。次のような内容です。

① 氏は、個人の呼称としての意義があり、名とあいまって社会的に個人を他人から識別し特定する機能を有するものであることからすれば、自らの意思のみによって自由に定めたり、又は改めたりすることを認めることは本来の性質に沿わないものであり、一定の統一された基準に従って定められ、または改められるとすることが不自然な取扱いとはいえないところ（略）氏に、名とは切り離された存在として社会の構成要素である家族の呼称としての意義があることからすれば、氏が、親子関係など一定の身分関係を反映し、婚姻を含めた身分関係の変動に伴って改められることがあり得ることは、その性質上予定されているといえる。（略）現行の法制度の下における氏の性質等に鑑みると、婚姻の際に「氏の変更を強制されない自由」が憲法上の権利として保障される人格権の一内容であるとはいえない。本件規定は、憲法13条に違反するものではない。

② 本件規定は、夫婦が夫又は妻の氏を称するものとしており、夫婦がいずれの氏を称するかを夫婦となろうとする者の間の協議に委ねているのであって、その文言上性別に基づく法的な差別的取扱いを定めているわけではなく、本件規定の定める夫婦同氏制それ自体に男女間の形式的な不平等が存在するわけではない。我が国において、夫婦となろうとする者の間の個々の協議の結果として夫の氏を選択する夫婦が圧倒的多数を占めることが認められるとしても、それが、本件規定の在り方自体から生じた結果であるということはできない。したがって、本件規定は、憲法14条1項に違反するものではない。

③ 本件規定の採用した夫婦同氏制が、夫婦が別の氏を称することを認めないものであるとしても（略）直ちに個人の尊厳と両性の本質的平等の要請に照らして合理性を欠く制度であるとは認めることはできない。したがって、本件規定は、憲法24条に違反するものではない。

（3） 国の行政機関での職員の旧姓使用

国の行政機関での職員の旧姓使用を認めたものとして「国の行政機関での職員の旧姓使用について」（平成13年7月11日各省庁人事担当課長会議申合せ）があります。これによれば、職員が婚姻等により戸籍上の氏を改めた後も、引き続き婚姻等の前の戸籍上の氏（旧姓）を文書等に使用することについて次のように取り扱うこととされています。

各府省は、一定の文書等に記載される職員の氏名について、当該職員から旧姓使用の申出があった場合、旧姓の記載を行います。この文書等とは、①職場での呼称、②座席表、③職員録、④電話番号表、⑤原稿執筆、⑥人事異動通知書、⑦出勤簿、⑧休暇簿です。また、①から⑧の文書等以外のものについて、職員から旧姓使用の申出があった場合に、各府省が旧姓使用の可否を個別に判断し、旧姓使用の範囲を拡大することを妨げないこととされています。

（4） 夫婦別姓への反対

夫婦別姓への反対もあります。2010（平成22）年11月18日、日本女性の会が夫婦別姓に反対する集いを開催し「夫婦別姓の法制化を促す、第三次男女共同参画基本計画の閣議決定に反対する」決議がなされました。ここでは、夫婦別姓について「『夫婦別姓』は必然的に『親子別姓』をもたらすもので、子供たちが受ける悪影響ははかり知れません。子供の心の荒廃が社会問題となり、家族の絆や家庭の教育力の回復の必要性が求められています。昨今、『夫婦別姓』制度の導入は、全くの逆方向の政策であります。選択的夫婦別姓制度は、家族間での統一した姓を定めるといった、現民法上の家族の原則を崩壊させるものです。」としています。

（5） 夫婦別姓の意味が乏しい場合

ほとんど議論されませんが、夫婦別姓が実質的に意味をなさない場合があります。婚姻前の氏が同一の場合です。全くの他人同士が偶然同じ氏であり、2人が結婚する場合があります。また、日本の場合は血族結婚が禁止されていませんので、親族同士かつ氏が同じ者同士が結婚する事例は珍しくありません。法律上はその場合も夫婦一方の氏を選択したことになりますが、外形的には婚姻前と何ら変化がありません。それに加えて、一族一門同士で婚姻する場合は心理的にも夫（あるいは妻）の名乗っている氏は自分自身の氏です（祖先が同一人物なので当然です）。夫婦別姓の利点として、戸籍以外の各種手続きが必要なくなる、婚姻したことの情報を明らかにせずに済む、不公平感がなくなる、婚姻前の業績の社会的な評価が一貫するなどが指摘されますが、もともと同一の場合はこれらのメリットは何もなく、別姓の意味をなしません。

（6） 拡大家族

別姓を求める声が強くなった背景の一つとして、少子化の進行があります。少子化により、姓を名乗ってくれる者が絶えてしまう懸念です。家族の変容とも言えるでしょう。従来は拡大家族が少なくありませんでした。『大辞林』（第3版）によれば拡大家族とは「子が結婚後も両親と同居し、複数の核家族から成る家族」であり、核家族の対概念です。一組の夫婦とその子ども（婚姻前）から成る家族である核家族の形態が社会の隅々まで一般化したのは、日本において実はあまり古い歴史をもたないのです。戦後直ぐくらいまでは、1世帯が20人前後で生活していることも、農村部においては少なくなく、都市部においても旧家などでは稀有な事例ではありませんでした。さらにその家族の隣家をはじめ集落一帯が親類であり、ひいては町村の人口の一定割合（場合によっては国・県の公務員以外の全住民）を同一の一族一門が占める地域も存在しました。比喩的な意味ではなく、集落や町村が本当に巨大な家族でもあったのです。少し前まで、一定の地域や社会階層（例えば旧華族やそれに連なる家門）では現在と全く異なる家庭生活が営まれていた場合も少なくなかったことも知っておく必要があるでしょう。

（今井　慶宗）

第18章　家族の介護、子育て等の事例研究

記事

育児と介護両立　働く女性「ケア」

育児と介護を同時に担うダブルケア問題が顕在化してきた。内閣府の調査で、この問題に直面するのは25万人に上る。背景には晩婚化に伴う出産年齢の上昇がある。働く女性にとって課題の仕事と育児の両立、さらに迫る介護をどうしたらいいのか。

埼玉県所沢市に住む女性、Aさん（38）は勤務する金融機関の仕事と育児・介護の両立に悩んでいる。半年前、母（66）が脳梗塞で倒れ、体にマヒが残った。父（69）が介護をするが、家事には不慣れ。料理や掃除で失敗するたびに声を荒らげる。両親は自宅を二世帯住宅に改装してAさん一家と暮らす。育児に父母の協力を得ながら働くキャリアプランだったが、突然の母の介護生活。手は足りない。

当時、Aさんは育児休業を終えて2カ月前に復職したばかり。時短勤務とはいえ、仕事のリズムを取り戻しつつあった。「最長3年の育休制度を延長して、育児・介護に使えばいい」。理解のある上司が会社に掛け合ってくれたが、復帰後すぐに職場に穴を開けることに罪悪感がある。

まだ小さい子供の世話に加えて、母親のケア、両親分の食事を用意するAさんの毎日は「一日中、人の面倒を見続ける無限ループ。覚悟していたとはいえ、逃げ出したくなる。私は本当に復職できるのか」と打ち明ける。

子育てと親の介護のダブルケアに悩む人は少なくない。内閣府が16年に調査したところ、未就学児の育児をしながら、家族の介護を同時にする人は25万人に及ぶ。

地域で相談し合い悩み軽減

◇　◇

ダブルケアの命名者の一人で、横浜国立大学大学院准教授の相馬直子さんは「ダブルケアラーは自分ですべてを抱え込みがち。自治体や企業が率先して把握し、支援する必要がある」と警鐘を鳴らす。

昨年、相馬さんがソニー生命保険などと実態調査（有効回答2100）したところ、ダブルケアラーや経験者の4割の女性が「介護や育児を理由に仕事を辞めたことがある」と回答した。一方、離職経験があると回答した男性は2割強。担い手が女性に偏る現状が浮き彫りになった。

親の介護は子育てが終わってからと考えがちだった。それが同時にくる。ダブルケアが増える要因の一つが、晩婚化と出産年齢の上昇だ。15年の厚生労働省の人口動態調査によると、初産時の母親の平均年齢は30・7歳で、20年で3・2歳上昇した。都心部はさらに高い傾向にある。

一方で高齢化は急ピッチで進み、介護を必要とする人は増え続けている。要支援、要介護認定者は14年度に初めて600万人を超え、15年度末には620万人に達した。

「症状は悪くなり、負担は増えるばかり。正直、『親に早く亡くなってほしい』と思ったことがある」。涙ながらの女性の言葉に「誰だってそう思うことはある」「あなただけではない」と参加者から慰めの声がかかる。横浜市港南区にある地域コミュニティースペースで毎月1度開く「お喋（しゃべ）りカフェ」は、育児と介護に悩むダブルケアラーの駆け込み寺だ。

「誰にも悩みを相談できず、一人で抱え込む人ばかり。経験者や当事者が集まって話を聞くだけで、悩みを軽減できる」。主催する「芹が谷コミュニティ　てとてと」の植木美子代表はそう話す。自身も子供が2歳の時に、夫の母親と父親の介護を経験した。

「ダブルケアカフェ」とも呼ばれる同カフェは開始して4年。地域のダブルケアラーが20人近く参加して、悩みを共有してきた。「自治体では育児と介護で窓口が異なり、たらい回しになることもある。使える情報を共有する場は貴重だ」（植木さん）。横浜市はダブルケアラーであれば保育所の入所の優先順位が上がる仕組みを16年に始めた。だが、こうした情報は日々、育児と介護に追われる人には届きにくい。

◇　◇

堺市は昨年10月、市内の7区がそれぞれ持つ基幹型包括支援センターに、ダブルケア相談窓口を設けた。主任ケアマネジャーや保健師、社会福祉士ら介護と育児のプロが常駐し、ワンストップで相談できる。16年度は市で120件程度の相談があった。「家族や仕事など悩みの全体像を把握しようと考えている」と同市の担当者、安斉智子さんは話す。

一般社団法人ダブルケアサポート横浜（横浜市）の東恵子代表理事は「女性がダブルケアをきっかけに退職しなければならないことは本当に残念。キャリアを積みたい女性でも、家族の状況を考えた場合、自分がケアをせざるを得ないという結論になる例は多い。企業にとってダブルケアは大きな問題になる」と話す。

ダブルケアラー予備軍は働き盛りの30代から責任ある立場の40代が中心で、企業にとって欠かせない層。優秀な人材をつなぎ留めるためにも、対策は重要な課題だ。

取材を終えて

家族や企業の後押し必要

2月に待望の第1子が生まれた。妻は41歳。互いの親がもし、体調を崩して介護が必要になったら……。想像して言葉を失った。高齢者が入所できる施設は足りない。政府は介護認定の見直しから施設への入所条件を厳しくするなど「極力在宅で対応」する策を進めている。育児と介護を同時にとなれば、誰が面倒を見るのだろう。「妻に任せる」という発想は過去のもの。男性にも備えと覚悟が必要だ。

ダブルケアカフェに参加する女性たちは「しっかり睡眠取ってる？』『歩き出すとまた大変よ」と我が事のように私を心配した。私は妻ほど苦労はしていないものの、子育ての大変さについて理解してもらえた瞬間は心が救われた。

女性活躍が叫ばれるとはいえ、働く女性が仕事も育児も介護もと抱え込むのでは未来はない。家族で支え、企業が後押しし、自治体や国も負担軽減に動く。多くの人にこの問題に注目してほしい。

（白壁達久）

出典：2017年7月17日日本経済新聞朝刊

1. 調べてみましょう

（1）「育児・介護に関する休業」について調べてみましょう。

（2）わが国の高齢化の特徴について調べてみましょう。

（3）地域包括支援センター・基幹型包括支援センターについて調べてみましょう。

2. この記事を読んだ感想をまとめてみましょう

3. 解　説

（1） 育児・介護に関する休業制度

わが国は少子高齢化、労働力人口の減少などにより種々の問題が生じています。これらの問題を軽減・解決するために多くの制度が設けられています。労働者が仕事と家庭を両立できるように、1991（平成３）年「育児休業等に関する法律」が成立し、1992（平成４）年に施行されました。1995（平成７）年には、「育児休業等育児又は家族介護を行う労働者の福祉に関する法律」に改題されました。その後、2016（平成28）年には、この制度のさらなる充実が図られました。介護離職を防止し仕事と介護の両立を可能とするための整備と、多様な家族形態・雇用形態に対応した育児期の両立支援等がされ、妊娠・出産・育児期や家族の介護が必要な場合においても離職することなく働き続けることができるよう仕事と家庭の両立の充実を目指した改正が行われました。

（2） 高齢化

総人口に対して65歳以上の高齢者人口が占める割合を高齢化率といいます。世界保健機関(ＷＨＯ）や国連の定義によれば、高齢化率が７％を超えた社会を「高齢化社会」、14％を超えた社会を「高齢社会」、21％を超えた社会を「超高齢社会」といいます。

日本が高齢化率７％を超えて「高齢化社会」となったのは1970（昭和45）年です。その24年後の1994（平成6）年に「高齢社会」、そして2007（平成19）年に高齢化率が21％を超える「超高齢社会」となりました。日本が、「高齢化社会」から「高齢社会」へと進むのにかかった時間を考えると、世界に類を見ない速さです。総務省によれば、今後、日本は騎馬戦型（65歳以上１人に対して20歳～65歳が2.4人）から肩車型（65歳以上１人に対して20歳～65歳が1.2人）へと急速に高齢化が進み、現役世代１人が１人の高齢者を支える社会が訪れます。

（3） 要介護者・要支援者

要介護者とは、①要介護状態にある65歳以上の者（第１号被保険者）、②要介護状態にある40歳以上65歳未満の者（第２被保険者）であって、その要介護状態が特定疾病によって生じたものであるものをいいます。「障害者の日常生活及び社会生活を総合的に支援するための法律」（障害者総合支援法）による自立支援給付を利用していた者が、65歳以上になり第１号被保険者となる場合には「介護保険法」の給付が優先されます。

要支援者とは、①要支援状態にある65歳以上の者、②要支援状態にある40歳以上65歳未満の者であって、その要支援状態の原因である身体上または精神上の障害が特定疾病によって生じたもの、となっています。

要介護・要支援の認定を受けるには、申請書に被保険者証を添付し、保険者である市町村に申請しなければなりません（要介護に関して「介護保険法」第27条第１項など、要支援に関して同法第32条第１項など）。

認定の更新や区分変更などの申請の場合も規定されています。要介護・要支援の申請は、本人に代わって代理人も申請することができます。

（4） 特定疾病

介護保険制度において、特定疾病とは「加齢に伴って生ずる心身の変化に起因する疾病であって政令で定めるもの」をいいます（「介護保険法」第7条第3項第2号）。具体的には「介護保険法施行令」第2条で定められています。そこには、①がん末期、②関節リウマチ、③筋萎縮性側索硬化症、④後縦靱帯骨化症、⑤骨折を伴う骨粗鬆症、⑥初老期における認知症、⑦進行性核上性麻痺、大脳皮質基底核変性症及びパーキンソン病、⑧脊髄小脳変性症、⑨脊柱管狭窄症、⑩早老症、⑪多系統萎縮症、⑫糖尿病性神経障害、糖尿病性腎症及び糖尿病性網膜症、⑬脳血管疾患、⑭閉塞性動脈硬化症、⑮慢性閉塞性肺疾患、⑯両側の膝関節又は股関節に著しい変形を伴う変形性関節症が掲げられています。

（5） 地域包括支援センター・基幹型包括支援センター

地域包括支援センターは2005（平成17）年の「介護保険法」の改正によって2006（平成18）年に新設されました。地域の保健・医療・福祉をつなぐ包括的で継続的な支援を行う機関です。地域包括支援センターでは包括的支援事業として、①介護予防支援事業、②総合相談支援事業、③権利擁護業務、④包括的・継続的ケアマネジメント支援業務などを行っています。また、2015（平成27）年4月からは包括的支援事業に在宅医療・介護連携推進事業、生活支援体制整備事業、認知症総合支援事業、地域ケア会議推進事業が位置づけられました。なお、大阪府堺市が各区役所内（7か所）に基幹型包括支援センターを設置しているように、基幹型包括支援センターを設置しているところもあります。地域包括支援センターの後方支援などを実施するとともに、センター間の連携調整、区レベルでのネットワーク構築、行政機関とのパイプ役のほか、困難ケース・権利擁護を必要とするケースに対して地域包括支援センターと連携して対応しています。育児と介護・福祉の専門職が常駐することにより、ダブルケアで悩んでいる人への相談窓口としての機能も併せ持つことで、地域で安心して暮らし続ける役割も担っています。

参考文献

株式会社ダスキンレントオール事業部『介護ハンドブック』2016版　2017版
介護福祉士養成講座編集委員会『新・介護福祉士養成講座2　社会と制度の理解』第5版　中央法規出版　2015年
社会福祉士国家試験受験ワークブック編集委員会『社会福祉士国家試験受験ワークブック2018』 中央法規出版　2017年

（淺野　幸子）

記　事

県、特養指針14年ぶり改定

ダブルケア優先入所

介護者の離職防止も

県は介護を理由に仕事を辞める介護離職の防止や、介護と子育てを両立する「ダブルケア」の負担軽減を目的に、特別養護老人ホームへの入所を決める指針を14年ぶりに改定した。入所を優先する条件に「介護者が就労または育児をしている」を盛り込み、4月から適用する。（政治部・山下奈津美）

優先入所点数配分の主な改正

- 『介護者が就労または育児をしている』に30点を付与
- 要介護1を10点から5点、要介護2を15点から10点に下げる
- 1人暮らしなどの条件に与えられていた最高点を70点から50点に下げる

申し込み順だった特養への入所は、２００３年度から都道府県や政令市などが作成する独自の指針により必要性の高い人が優先的に利用できる制度に変わった。静岡県では、要介護度や介護者の状況を点数化し、合計点が高いほど優先的に入所できる。最高点の50点は要介護5▽1人暮らし▽介護者はいるが病気療養中または障害がある―などの条件に付与される。今回の「介護者が就労または育児をしている」には、３番目に高い30点を付与することにした。

県はさらに、要介護度が低い入所者の割合が全国上位となっている現状を改善する。15年度から入所対象を原則要介護３以上に変え、今回の改定で要介護度が低い人への点数配分を下げ、より緊急性の高い人が優先入所できるようにした。

県によると、特養運営者や利用者家族を交えた会合で、老親と暮らす男性などから仕事と介護の両立に悩む声が増えているとの指摘があった。ダブルケアに関しては、16年に初めて行われた国の調査で、問題を抱える人が全国で約25万人、働き盛りの30～40代が約８割を占めるとの推計が示された。

16年1月時点で、県内の特養２８４施設に対し、待機者は1万４８８人に上る。高橋邦典県福祉長寿局長は「仕事や育児を抱えた介護者が精神的に追い詰められ、虐待などの事件を起こしてしまう可能性もある。社会の実態に即した見直しで、少しでも負担を軽くしたい」と話した。

出典：2017年1月8日静岡新聞朝刊

1. 調べてみましょう。

（1） 特別養護老人ホームについて調べてみましょう。

（2）「待機者」とは何か調べてみましょう。

（3） ダブルケアとは何か調べてみましょう。

2. この記事を読んだ感想をまとめてみましょう。

3. 解　説

（1） 特別養護老人ホーム（介護老人福祉施設）

「介護保険法」第8条第27項によれば、介護老人福祉施設とは、「老人福祉法第20条の5に規定する特別養護老人ホーム（入所定員が30人以上であるものに限る。以下この項において同じ）であって、当該特別養護老人ホームに入所する要介護者に対し、施設サービス計画に基づいて、入浴、排せつ、食事等の介護その他の日常生活上の世話、機能訓練、健康管理及び療養上の世話を行うことを目的とする施設」とされています。

同条同項では「介護老人福祉施設に入所する要介護者に対し、施設サービス計画に基づいて行われる入浴、排せつ、食事等の介護その他の日常生活上の世話、機能訓練、健康管理及び療養上の世話」を「介護福祉施設サービス」と定義しています。

（2） 要介護と要支援

介護保険制度の給付対象となるのは、被保険者のうち、要介護状態または要支援状態と認定された者です。

「介護保険法」第7条第1項によれば要介護状態とは、「身体上又は精神上の障害があるために、入浴、排せつ、食事等の日常生活における基本的な動作の全部又は一部について、厚生労働省令で定める期間にわたり継続して、常時介護を要すると見込まれる状態であって、その介護の必要の程度に応じて厚生労働省令で定める区分（以下「要介護状態区分」という）のいずれかに該当するもの（要支援状態に該当するものを除く）をいう」とされています。「介護保険法施行規則」第2条では「介護保険法（略）第7条第1項の厚生労働省令で定める期間は、6月間とする」とされています。要介護状態区分は要介護1から要介護5の区分のいずれかです。

また、「介護保険法」第7条第2項において、要支援状態とは、「身体上若しくは精神上の障害があるために入浴、排せつ、食事等の日常生活における基本的な動作の全部若しくは一部について厚生労働省令で定める期間にわたり継続して常時介護を要する状態の軽減若しくは悪化の防止に特に資する支援を要すると見込まれ、又は身体上若しくは精神上の障害があるために厚生労働省令で定める期間にわたり継続して日常生活を営むのに支障があると見込まれる状態であって、支援の必要の程度に応じて厚生労働省令で定める区分（以下「要支援状態区分」という）のいずれかに該当するものをいう」とされています。「介護保険法施行規則」第3条では「法第7条第2項の厚生労働省令で定める期間は、6月間とする」と定められています。「要支援状態区分」は要支援1もしくは要支援2の区分のいずれかに該当するものを指します。

（3） 待機者

特別養護老人ホームは公的な施設のため、民間運営の介護施設より利用料金が安価なことから人気が高く、待機者数が多い状況にあります。申請から入居まで時間がかかることも問題となっています。2017（平成29）年3月に厚生労働省老健局が発表した「特別養護老人ホームの入所申込者の状況」によれば、特別養護老人ホームの入所申込者（要介護3～5）は次ページの図表1の通りです。

厚生労働省は「特別養護老人ホームについては、介護の必要性がより高い中重度の要介護者を支える機能を重視する観点から、平成27年4月より、新規に入所する者を、原則要介護3～5の者に限ることとする制度改正を行いました」としています。この調査では「この新制度下での

図表１　特別養護老人ホームの入所申込者（要介護３～５）の概況

全体	29.5 万人	※入所申込者全体を 100％とすると、在宅の方は 41.7％、在宅でない方は 58.3％となります。
うち在宅の方	12.3 万人	
うち在宅でない方	17.2 万人	

厚生労働省「特別養護老人ホームの入所申込者の状況」の図表を参照

入所対象者数に該当する申込者の数を集計し、とりまとめたところです」「特別養護老人ホームの入所申込者は、複数の施設に申込みを行うことがあることから、本調査では、こうした重複申込等の排除を従来よりも徹底し、入所申込者の実数により近づけています」としています。2017（平成 29）年に発表されたものを 2014（平成 26）年の同時期のものと比較すると入所申込者が約３割減少しているといわれています。

（４）ダブルケア

記事では「ダブルケアに関しては、16 年に初めて行われた国の調査で、問題を抱える人が全国で約 25 万人、働き盛りの 30 ～ 40 代が約８割を占めるとの推計が示された」と書かれています。この調査とは、2016（平成 28）年４月に公表された内閣府男女共同参画局による「育児と介護のダブルケアの実態に関する調査」[1] です。

この調査では「晩婚化・晩産化等を背景に、育児期にある者（世帯）が、親の介護も同時に担う、いわゆる『ダブルケア』問題が指摘されるようになっている」としています。そして、「就業構造基本調査[2] により推計されるダブルケアを行う者の人口は、約 25.3 万人（女性約 16.8 万人、男性約 8.5 万人）。また、15 歳以上人口に占めるダブルケアを行う者の割合は約 0.2％、育児を行う者に占める割合は約 2.5％、介護を行う者に占める割合は約 4.5％」であることが指摘されています。ダブルケアの割合は図表２の通りです。

図表２　ダブルケアの割合

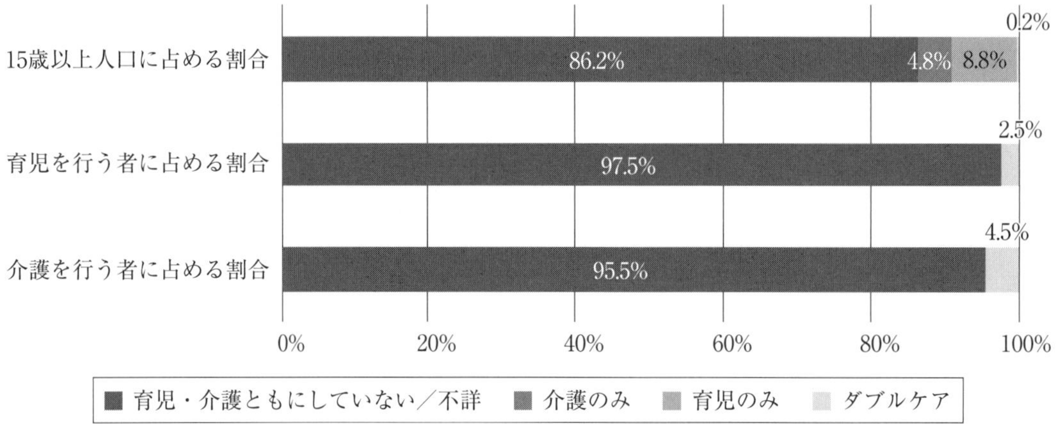

総務省「就業構造基本調査」（平成 24 年）をもとに内閣府男女共同参画局が特別集計した図表を参照

注

1）www.gender.go.jp/research/kenkyu/wcare_research.html

2）平成 24 年総務省統計局によるもの

（丸山あけみ）

執筆者紹介

（執筆順）

江草　明彦　（えぐさ　あきひこ）　第 1 章
　現　　職：山陽新聞社 読者局長

山下智佳子　（やました　ちかこ）　第 2 章
　元　　職：甲南女子大学 人間科学部 総合子ども学科 准教授

藤原　映久　（ふじはら　てるひさ）　第 3 章
　現　　職：島根県立大学 人間文化学部 保育教育学科 准教授

松井　圭三　（まつい　けいぞう）　第 4 章
　現　　職：中国短期大学 保育学科・専攻科介護福祉専攻 教授

西　　朋子　（にし　ともこ）　第 5 章
　現　　職：上田女子短期大学 幼児教育学科 非常勤講師

北澤　明子　（きたざわ　あきこ）　第 6 章
　現　　職：秋草学園短期大学 幼児教育学科 専任講師

角田みどり　（すみだ　みどり）　第 7 章
　現　　職：中国短期大学 保育学科 教授

小倉　　毅　（おぐら　たけし）　第 8 章
　現　　職：兵庫大学 生涯福祉学部 生涯福祉学科 准教授

中　　典子　（なか　のりこ）　第 9 章
　現　　職：中国学園大学 子ども学部 准教授

坂本　真一　（さかもと　しんいち）　第 10 章
　現　　職：桜の聖母短期大学 生活科学科 教授

小宅　理沙　（こやけ　りさ）　第 11 章
　現　　職：同志社女子大学 現代社会学部 現代こども学科 助教

前嶋　　元　（まえじま　げん）　第 12 章
　現　　職：東京立正短期大学 現代コミュニケーション学科 准教授

水田　茂久　（みずた　しげひさ）　第 13 章
　現　　職：佐賀女子短期大学 こども未来学科 教授

田岡紀美子　（たおか　きみこ）　第 14 章
　現　　職：奈良保育学院 常勤講師

浦田　雅夫　（うらた　まさお）　第 15 章
　現　　職：京都造形芸術大学 こども芸術学科 教授

齊藤　勇紀　（さいとう　ゆうき）　第16章
現　　職：新潟青陵大学 福祉心理学部 社会福祉学科 准教授

今井　慶宗　（いまい　よしむね）　第17章
現　　職：関西女子短期大学 保育学科 専任講師

淺野　幸子　（あさの　さちこ）　第18章
現　　職：公益社団法人 大阪介護福祉士会 会長

丸山　あけみ　（まるやま　あけみ）　第18章
現　　職：ユマニテク短期大学 幼児保育学科 助教

■編著者紹介

松井　圭三　（まつい　けいぞう）

現職　中国短期大学保育学科・専攻科介護福祉専攻 教授
岡山大学医学部非常勤講師
就実大学教育学部非常勤講師

主著
『21世紀の社会福祉政策論文集』（単著）ふくろう出版、2009
『第3版児童家庭福祉』（編著）大学教育出版、2014
『現代社会福祉概説』（編著）ふくろう出版、2015
『家庭支援論』（編著）学文社、2017 その他著書多数

小倉　　毅　（おぐら　たけし）

現職　兵庫大学 生涯福祉学部 生涯福祉学科 准教授
環太平洋大学非常勤講師
岡山医療福祉専門学校非常勤講師
姫路国立支援センター理事

主著
『社会的養護・社会的養護内容』（共著）翔雲社、2017
『介護福祉学事典』（共著）ミネルヴァ書房、2014
『社会福祉の理論と制度』（共著）勁草書房、2014

今井　慶宗　（いまい　よしむね）

現職　関西女子短期大学 保育学科専任講師
関西福祉科学大学社会福祉学部非常勤講師

主著
『現代の障がい児保育』（共著）学文社、2016
『保育実践と家庭支援論』（編著）勁草書房、2016
『保育実践と社会的養護』（共著）勁草書房、2016

NIE家庭支援論演習

2018年4月20日　初版第1刷発行

■編 著 者——松井圭三・小倉　毅・今井慶宗
■発 行 者——佐藤　守
■発 行 所——株式会社 大学教育出版
〒700-0953　岡山市南区西市855-4
電話（086）244-1268　FAX（086）246-0294
■印刷製本——モリモト印刷㈱

ISBN978－4－86429－501－7